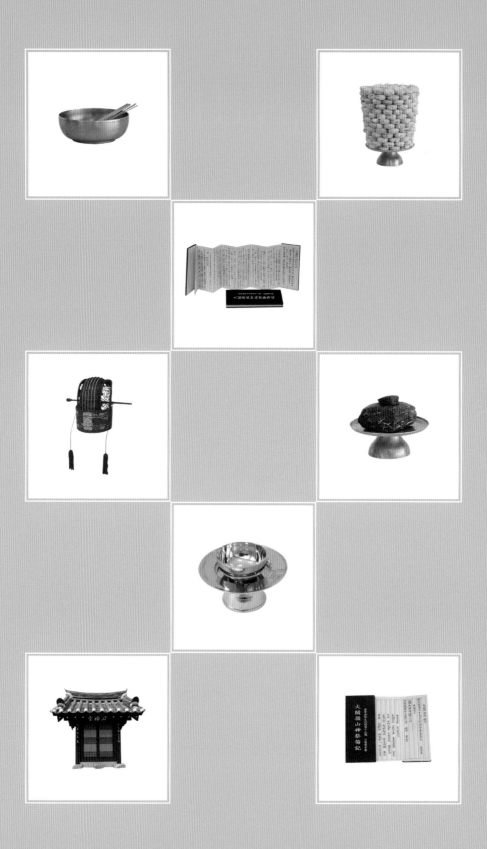

유네스코 인류무형문화유산
국가무형문화재 제13호

강릉단오제 제례 전수교육 교본

유네스코 인류무형문화유산
국가무형문화재 제13호

강릉단오제
제례 전수교육 교본

강릉단오제보존회 연구총서 02

발간사

올해는 국가무형문화재 제13호 강릉단오제가 유 네스코 '인류구전 및 무형유산걸작'으로 선정된 지 10주년이 되는 해입니다. 지난 11월 25일 시민들의 성원 속에 '10주년 기념행사'가 성대히 치러졌습니다.

이런 뜻 깊은 해를 맞이하여 보존회는 강릉단오 제 원형콘텐츠구축사업의 일환으로 지난해에 이어 강릉단오제보존회 연구총서 2권인 "강릉단오제 제례 전수교육 교본"을 발간하게 되었습니다.

본서는 강릉단오제 전승자들이 제례에 대한 기본 적인 지식을 습득할 수 있도록 제례의 의미, 시대적 흐름 속에서의 제례의 변천과정 등에 대하여 서술하였습니다. 그리고 전승자들이 강릉 단오제 제례를 진행함에 있어 갖추어야 할 홀기, 축문, 복식, 제기, 제물, 강릉단오제 제 례 행사 등을 상세하게 기술하였습니다.

앞으로 강릉단오제 제례 전수교본을 통해 제례 전승자들이 체계적이고 효과적인 전 수교육을 받을 것입니다. 보존회는 앞으로도 지속적으로 강릉단오제의 풍부한 원형콘텐 츠를 우리의 소중한 기록유산으로 만들어 나갈 것입니다.

끝으로 강릉단오제 제례 전수교본 발간을 위하여 노력해 주신 모든 분들에게 깊이 감사드립니다.

2015년 12월
사)강릉단오제보존회장 김종군

1.

제례의 역사적 전개와
성황제(서낭제)

가. 제례의 의미

원시시대 사람들은 자연 현상과 천재지변의 발생을 경이와 공포의 눈으로 보았으며 4계절의 운행에 따른 만물의 생성화육生成化育으로 인간이 생존할 수 있음을 감사하였다. 동시에 천지天地와 일월성신日月星辰을 비롯하여 산천山川에는 모두 신령이 깃들여 있다고 생각하여 신神의 가호로 재앙이 없는 안락한 생활을 기원하였는데, 이것이 제사의 기원이다. 제사는 인문人文의 발달에 따라 일정한 격식을 갖추었으며 이것이 곧 제례祭禮이다.

중국에서는 이미 요堯·순舜 시대에 천신天神·지기地祇·5악[1]嶽·4독[2]瀆을 제사한 기록이 『서경書經』·『사기史記』 등에 실려 있다. 특히 동양에서는 윤리·도덕·관념의 앙양과 함께 조상숭배가 크게 성행하여 조상에 대한 제례가 하夏·은殷시대를 거쳐 주대周代에 확고하게 갖추어졌다.

우리나라에서 제례의 시초는 부여에서 영고迎鼓라 하여 12월에 하늘에 제사하였고, 고구려에서는 동맹東盟이라 하여 10월에 하늘에 제사지냈으며, 동예에서는 무천舞天이라 하여 10월에 하늘에 제사를 지낸 기록이 있다. 마한에는 소도蘇塗라는 신역神域이 있어 솟대를 세우고 북과 방울을 달아 천군天君이 신에게 제사지냈다. 신라에서는 남해왕 때에 혁거세묘赫居世廟를 세우고 혜공왕 때에 5묘[3]廟의 제도를 정했으며 산천에게도 제사지냈다.

국가에서 주관하는 제사는 크게 대사大祀, 중사中祀, 소사小祀의 3등급으로 구별하

---

1   중국 5대 명산의 총칭으로 산시성(山西省)의 북악항산(北岳恒山), 산시성의 서악 화산(西岳华山), 허난성(河南省)의 중악 쑹산(中岳嵩山), 산둥성(山东省)의 동악(东岳) 타이산(泰山, 태산), 후난성(湖南省)의 남악 헝산(南岳 衡山)을 일컫는다.

2   중국의 4대강을 가리키는 말. 중국의 독류입해(獨流入海)하는 4대강을 가리키는 말로 양쯔강(揚子江)·지수이강(濟水)·황허강(黃河)·화이허강(淮水)을 말한다. 5악과 함께 신앙의 대상이 되었다.

3   제후국(諸侯國)에서 사당(祠堂)에 조상의 위패를 모신 종묘(宗廟)의 제도. 5묘는 1~5세의 위패를 사당에 모시는 것으로, 중앙에 1세의 위패를 모시고, 좌(左)를 소(昭)라 하여 2세와 4세의 위패, 우(右)를 목(穆)이라 하여 3세와 5세의 위패를 모셨다.

였다. 조선시대의 경우는 사직⁴·종묘⁵·영녕전⁶永寧殿의 제사가 대사에 속하며, 풍운뇌우단⁷風雲雷雨壇, 악嶽·해海·독瀆, 선농先農·선잠단先蠶壇, 우사雩祀(기우제), 문묘文廟의 석전과 역대 왕조의 시조에 대한 제사가 중사에 속하였다. 그 외에 영성단⁸靈星壇, 마조단⁹馬祖壇, 명산대천, 사한단¹⁰司寒壇, 선목단¹¹先牧壇, 마사단馬社壇, 마보단¹²馬步壇, 마제¹³禡祭, 영제¹⁴禜祭, 칠사¹⁵七祀, 둑제¹⁶纛祭, 여제¹⁷厲祭 등은 소사에 속하였다. 또 제사의 대상에 따라 그 이름도 달라서 하늘과 땅의 신에 대한 제사는 제祭, 사람에 대한 제사는 향享, 문묘의 공자에 대한 제사는 석전釋奠이라 하였다.

조선시대 국가에서 주관하던 제사를 보면, 그 종류와 규모가 매우 복잡하고 방대하며 빈번하였다는 것을 알 수 있다. 그 시대에 제사가 얼마나 중요한 의미를 지니는 것이

---

4 한국과 중국에서 백성의 복을 위해 제사하는 국토의 신(神)인 사(社)와 곡식의 신인 직(稷)을 아울러 이르는 말. 백성은 땅과 곡식이 없으면 살 수 없으므로 사직은 풍흉과 국가의 운명을 관장한다고 믿어 나라를 건국한 자는 제일 먼저 왕가의 선조를 받드는 종묘(宗廟)와 더불어 사직단을 지어서 백성을 위하여 사직에게 복을 비는 제사를 지냈다.

5 조선시대 역대 왕과 왕비의 신위를 봉안한 사당. 동아시아의 유교적 왕실 제례 건축으로서 공간계획 방식이 매우 독특하고 보존 상태가 우수하다. 14세기 말에 창건되어 유지되다가 임진왜란 때 소실된 것을 17세기 초에 중건하였고 이후에도 필요에 따라 증축되어 현재의 모습을 갖추었다.

6 태조의 아버지·할아버지·증조·고조 및 공(功)이 없는 임금의 신주(神主)를 모신 사당(祠堂). 조선시대 중요하지 않은 임금 즉 이왕가(李王家)의 조상 중 단명했던 왕이나 국가에 공이 없는 왕의 신위(神位)를 모신 사당이 영녕전이다. 현재 영녕전은 종묘(宗廟)의 서쪽에 있다. 영녕전의 제향(祭享)은 1월·7월 상순(上旬)에 날을 받아 행한다. 음악과 춤은 종묘제향(宗廟祭享)의 것과 같다.

7 조선시대 한양의 남대문 밖에 있던 풍운뇌우신과 성황신 그리고 국내산천지신(國內山川之神)을 모시는 제단.

8 새해 농사가 잘되도록 곡식을 맡은 별과 농사를 맡은 별에 제사를 지내기 위해 만든 제단.

9 말의 수호신이며 조상신인 방성(房星), 즉 천사성(天駟星)을 제사지내던 단.

10 사한제(司寒祭)를 지내는 제단. 사한제는 추위와 북방의 신인 현명씨(玄冥氏)에게 지내는 제사.

11 마사(馬社)와 마보(馬步)를 모시기 위해 제사지내던 제단.

12 마보(馬步)에게 제사 지내는 단(壇).

13 군신(軍神)인 치우(蚩尤)에게 지내는 제사. 본래는 군대의 행군 도중 야영지에서 지내는 제사였는데, 조선 시대의 마제단(禡祭壇)은 동교(東郊)·북교(北郊)에 있었으며, 강무(講武) 1일 전에 무신(武臣) 3품관의 주관으로 제사하였다.

14 국가에서 오랜 장마로 인한 수해(水害) 등의 고통이 심한 경우 날이 개기를 기원하면서 베푸는 제사. 우리나라에서는 통일신라시대 이후 꾸준히 행하였다고 한다.

15 군주가 신하와 백성을 위하여 세우는 제사로 종묘나 사직에서 지내는 큰 신이 아닌 인간생활의 여러 가지 일들을 사찰하고 처벌하는 7가지 신을 위한 제사. 곧 크고 작은 여러 귀신인 수명(壽命), 선악에 따라 사람에게 응보하는 사명(司命), 거주지를 관할하는 중류(中霤), 문으로의 출입을 맡은 국문(國門), 도로의 출행을 맡은 국행(國行), 후손이 없는 옛 제왕의 귀신으로 죽이는 처벌을 담당하는 태려(泰厲), 문지방으로의 출입을 맡은 호(戶), 음식을 관장하는 조(竈)임.

16 고려, 조선시대 전쟁에 출정할 때 전쟁의 승리를 기원하며 지냈던 제사. 둑(纛)은 고려와 조선시대 때 군대의 행렬 앞에 세우던 대장기인데 큰 삼지창에 검은 소의 꼬리털로 만든 치우(蚩尤)를 달았으며 그것을 둑기라 부르며 신성시하였다. 출정 전에 둑기를 세워두고 전쟁의 승리와 무사귀환을 바라며 제사를 지내며 둑제(纛祭)를 올렸다.

17 여귀(厲鬼)에게 지내는 제사. 여귀란 여러 가지 사정으로 인하여 제사를 받을 수 없는 무사귀신(無祀鬼神) 또는 무적귀신(無籍鬼神)을 말한다. 이들 무사귀신은 사람에게 붙어 탈이 나기 때문에 이를 제사지냄으로써 미연에 방지하고자 했다.

었는지를 알아보기 위해 당시 국가 제사의 종류와 성격에 대하여 간단히 정리해 보면 다음과 같다.

나라에서 가장 중요하게 여기는 제사인 대사는 사직, 종묘, 영녕전의 제사가 있었다. 사직의 제사는 1년에 세 번, 즉 봄과 가을의 가운데 달(음력 2월, 8월) 및 12월 납일[18]臘日에 지냈는데, 우리나라 땅의 신인 국사國社와 곡식의 신인 국직國稷을 제사하였다.

종묘의 제사는 1년에 네 번 사계절의 첫째 달에 거행되었다. 종묘는 왕의 조상들, 즉 죽은 왕과 왕비들을 제사하는 곳으로 원래는 태조와 왕의 4대조까지 제사하는 것이 원칙이었다. 그러나 태종이나 세종과 같이 공덕이 많은 왕은 4대를 지나도 신주를 옮기지 않고 영구히 제사를 지냈으므로, 후기에는 점차 많은 왕들의 신주를 모시고 제사하게 되었다. 즉위한 왕의 4대조보다 윗대의 왕들의 신주는 종묘에서 들어내어 옆에 있는 영녕전으로 옮겨 모셨는데, 영녕전은 조천된 신주를 모시는 사당이라 하여 조묘祧廟라고도 하였다. 영녕전의 제사는 봄·가을에만 종묘의 제사에 준하여 지냈다. 종묘의 제사 때는 죽은 왕들 뿐 아니라 그 왕들의 시대에 봉사하던 대신이나 명신들이 함께 배향되어 있었으므로 실제로 제사를 받는 신위는 대단히 많았다. 종묘와 영녕전의 제사는 왕실의 가장 중요한 제사이고 모시는 신위들도 많아 엄청난 제수와 물자들이 소요되었다. 여기에 동원되는 관원과 악공·군사들의 수는 사직 제사보다 몇 배나 더 많았다. 게다가 종묘의 제사에는 칠사七祀라 하여 대문, 부엌, 조왕신 등 일곱 신들에게도 제사하였으므로 그 전례는 복잡하기 이를 데 없었다.

왕실의 사당은 종묘만 있는 것이 아니었다. 경복궁 안에는 궐내의 사당으로서 원묘原廟라고 부르는 문소전[19]文昭殿이 있었다. 이곳은 태조와 왕의 4대조를 제사하는 곳으로 종묘와는 달리 5대조 이상을 제사하는 법은 없었다. 문소전은 원래 태조가 죽은 후 3년간 신주를 모시던 혼전魂殿(사서인들의 상청 또는 빈소와 같은 것)이었으나, 3년상을 지낸

18 　고려 시대에는 대한(大寒)을 전후하여 가까운 진일(辰日)을 납일로 하다가 고려중기 이후에는 동지 후 세 번째 술일(戌日)로 하였음. 후에 조선시대에 와서는 동지 후 세번째 미일(未日)을 납일로 하였다.

19 　태조의 신의왕후(神懿王后) 위패(位牌)를 모신 사당(祠堂). 1396년(태조 5) 건립 당시에는 인소전(仁昭殿)이라고 했으나, 1408년(태종 8) 문소전으로 개칭됐다. 1433년(세종 15) 문소전에 태조와 태종의 위패를 봉안했으나, 문소전은 명종(1545~1567) 때 없어졌다.

후 신주를 종묘로 옮겨 모신 후에도 생전에 모시던 것처럼 모신다는 뜻에서 태조의 영정을 안치하고 제사를 지냈던 곳이다. 이곳의 제사는 종묘와 달리 산 사람을 섬기듯이 매일 아침 저녁으로 상식을 올리고 낮에는 또 차례까지 거행했으므로 매일 세 번씩 제사를 올리는 셈이었다. 물론 초하루와 보름 그리고 각종 명절에도 제사를 올렸다.

왕들의 능에서도 초하루 보름의 삭망 제사와 기일 및 여러 명절에 제사가 올려졌다. 왕들의 초상화를 모신 사당은 진전眞殿이라고 불렸는데, 전국 도처에 이러한 진전이 있어 각기 때맞추어 제사를 지내고 있었다.

조선시대에는 역대 왕조의 시조들에 대한 제사도 끊이지 않았다. 구월산의 삼성사三聖祠에서는 단군과 환인·환웅을 제사하였고, 평양의 숭녕전崇寧殿에서는 단군과 동명왕을, 숭인전崇仁殿에서는 기자를 제사하였다. 경주의 숭덕전崇德殿에서는 박혁거세를, 경기도 마전의 숭의전崇義殿에서는 고려의 왕건 이하 여러 왕들을 제사하였다. 단군, 기자, 온조왕을 제사하는 사당은 이 밖에도 몇 군데 더 있었다. 백제의 시조 온조왕을 제사하는 사당은 원래 직산에 있었으나 병자호란 때 남한산성에 온조의 사당이 세워지면서 이곳으로 제사를 옮겨왔다. 또 임진왜란 이후에는 중국 삼국시대 촉한蜀漢의 장수인 관우關羽를 제사하는 풍조가 일어나 한양에 두 곳의 관왕묘關王廟가 세워졌고 지방에도 여러 곳에 세워졌다. 남묘에는 진흙으로 만든 관우의 신상을 모셨고 동묘에는 동상을 모셨다. 두 곳의 제사는 연중 두 번, 경칩과 상강에 군사들이 주관하여 지냈다.

하늘에 제사지내는 곳을 천단天壇 혹은 원구단圓丘壇이라 하였는데, 우리나라에서도 조선초까지 원구단의 제사가 있었으나 세조 이후 이것이 천자의 나라 예법이고 제후국에서는 할 수 없다 하여 폐지하였다가 1897년 대한제국이 선포되고 고종이 황제에 즉위하면서 한때 다시 건립하여 제사하기도 하였다.

조선시대의 국가 제사 중 빼놓을 수 없는 것은 전국 각 지역의 명산대천, 바다 등 자연신에 대한 제사이다. 우선 악嶽·해海·독瀆에 대한 제사를 들 수 있는데, 산악으로는 남의 지리산, 중의 삼각산, 서의 송악산, 북의 백두산을 제사하였고, 바다로는 양양의 동해신, 나주의 남해신, 풍천의 서해신을 제사하였다. 또 독으로는 공주의 웅진, 양산의 가야진, 서울의 한강, 장단의 덕진, 평양의 대동강, 의주의 압록강, 경원의 두만강 등이 모두 제사의 대상이었다. 이들 지역에는 모두 그 곳의 신을 제사하는 사당이나 제단들이 설치되어 있었다.

명산대천으로는 치악산, 계룡산, 죽령산, 우불산(울산), 주흘산(문경), 금성산(나주), 목멱산, 오관산(장단), 우이산(해주), 감악산(적성), 의관령(회양), 마니산, 한라산, 백두산 등의 산과 충주의 남진명소, 양주의 양진, 장연의 장산곶과 아사진송곶, 안주의 청천강, 평양의 구진익수, 회양의 덕진명소와 영흥의 비류수 등의 물이 국가의 제사 대상에 포함되었다. 이곳에는 왕이 지방관을 보내어 제사토록 하였는데, 모든 제사는 왕의 이름으로 시행되어 지방관이 마음대로 제사할 수 없었다.

조선시대 각 고을에는 지방 관아에서 관리하는 제사가 있었다. 대표적인 것으로 향교의 문묘(일명 대성전)와 사직에 대한 제사를 들 수 있다. 문묘에서는 공자 이하 안자·증자·맹자·주자 등 중국의 대유학자들과 우리나라의 저명한 유학자들을 합동으로 모시고 봄·가을에 한 번씩 대규모의 석전釋奠을 거행하였고, 초하루와 보름에도 약식 제사를 올렸다. 정규 석전의 제사에는 고을의 수령이 헌관獻官이 되었고, 교수敎授나 훈도訓導 등의 학관學官, 지방의 유림, 학생들이 참여하였다.

지방 사직의 제사는 그 지방 토지신과 곡신穀神에 대한 제사로서, 자세한 제사의 내용은 알 수는 없지만 서울의 사직대제[20]社稷大祭를 축소한 형태로 거행되었을 것으로 생각된다. 사직에는 정기적인 제사 외에도 한발시의 기우제祈雨祭나 기곡제祈穀祭, 豊年祭가 행해졌다. 성황은 전염병이 유행하거나 극심한 기근 등 자연재해가 성행할 때 고을 수령이 중심이 되어 제사를 올렸다.

조선시대에는 국가나 지방관아에서 주관하는 제사 외에도 유림들에 의해 자치적으로 행해지는 중요한 제사들이 많았다. 조선시대는 유교를 정치 이념으로 하는 사회였으므로 공자를 비롯한 유교의 성인들과 학자들을 제사하는 사당들이 수없이 설립되었다. 지방의 유림이나 학자들이 주동이 되어 세운 서원書院과 사우祠宇는 한때 900여 개소

---

20 땅과 곡식의 신에게 드리는 국가적인 제사로, 사(社)는 땅의 신, 직(稷)은 곡식의 신을 의미한다. 예로부터 나라를 세우면 먼저 조상에게 제사를 지내고 이와 함께 땅과 곡식의 신에게 백성이 편안하게 살 수 있도록 풍요를 기원하는 사직제를 올렸다.

를 상회한 적도 있었다. 서원과 사우는 존경할 만한 학자들을 개별적으로 제사하기 위해 세운 것인데, 교육시설이 부설되어 있는 곳을 특히 서원이라 하였다. 서원과 사우의 제사는 비록 유림들의 사적인 제사이기는 하였지만, 그 규모나 중요성에 있어서 향교 제사에 못지않은 중요한 제사들도 많았다. 회재 이언적·퇴계 이황·율곡 이이·사계 김장생·우암 송시열 등 대학자들을 제사하는 서원의 제사에는 그 지역의 유림들이 총동원되다시피 하였고, 지방 관아에서 비공식적으로 지원하는 경우도 적지 않았다. 이 밖에도 국가의 공신이나 대신들, 지방의 유력자들 그리고 문중의 유력한 조상들을 제사하는 사당들도 무수히 세워졌다. 그 중에는 지방사회에서 명망이 있었던 학자들을 제사하는 향현사鄕賢祠가 있었다.

한편 각 지방에는 동제[21]洞祭와 같은 여러 가지 형태의 토속적인 제사들이 오랜 역사를 가지고 행해져 왔다. 이 중에는 원시사회의 자연신앙에서 유래된 것으로 여겨지는 제사들도 있다. 고려시대나 조선시대에는 지역에 따라 영험한 신들을 모신 사당들이 많았고, 여기에 대한 제사도 성행하였다. 오늘날의 동제 중에는 유교식으로 제사하는 경우가 많지만 무당들이 담당하는 굿의 형태로 진행되는 동제도 있다. 동해안 연안의 별신굿과 같은 것이 그러한 예이다.

동제는 동신제洞神祭라고도 한다. 그 목적은 대체로 마을 사람들이 질병과 재앙을 입지 않고 농사나 어획이 잘 되도록 비는 것이다. 동제의 대상이 되는 신은 대체로 산신, 서낭신, 토지신, 용신, 부군신[22]府君神, 국수신[23]國帥神, 천신天神 등으로 다양하고, 지역에 따라서는 공민왕, 최영, 이성계, 이순신, 남이, 임경업 등을 모시기도 한다. 영남과 동해안 지역에서는 골매기신防谷神이 동제의 대상이 되기도 한다. 동제는 대체로 1년에 한 번 내지 두번 지내며, 봄·가을에 주로 지낸다.

동제의 종류는 농사를 잘 되게 해 달라는 기풍제祈豊祭, 고기를 많이 잡게 해달라는

---

21 마을을 지켜주는 동신에게 마을 사람들이 공동으로 기원하는 제의. '동신제(洞神祭)'라고도 한다. 동제를 지내는 목적은 온 마을사람들이 질병과 재앙으로부터 풀려나고 농사가 잘되고 고기가 잘 잡히게 하여 달라고 비는 것이어서, 건강과 풍농·풍어로 집약할 수 있다.

22 부군당에 모셔진 주신(主神)으로, 무속이나 마을 신앙에서 모셔지는 마을의 수호신. 부군신이 모셔진 부군당은 붉은당·부강전(富降殿)·부군묘(府君廟)·부근당(付根堂)·부군사(符君祠) 등으로도 쓰인다.

23 마을 근처에서 가장 높은 봉우리에 올라가서 국수당(國帥堂)을 차려놓고 하늘에서 내리는 신을 모시는 곳.

풍어제豊漁祭, 질병을 막아달라는 별신굿, 호환虎患을 예방하려는 호환굿 등이 있고, 유교식으로 재물을 차리고 축문을 읽는 당제堂祭와 굿의 형태로 하는 당굿으로 구분할 수도 있다. 동제를 종교적인 측면에서 보면 주민들이 정신적 불안을 해소해주고 생활에 희망을 주는 측면이 있다. 또 사회적인 관점에서 보면 동제는 그 마을의 전통을 계승시키고 동민들의 심적 유대와 단합을 가져와 주기적으로 공동체 의식을 함양시키는 기능을 가지고 있다. 이는 자기 마을의 풍요와 건강을 지키고 자기의 생활터전을 보전하며 그 기틀을 후손들에게 물려주려는 기원이 담겨있다고 하겠다.

동제 중에는 많은 비용이 소요되는 대규모의 굿으로 행해지는 것들도 있다. 이 중에는 지나치게 부담이 커서 폐단을 초래하는 것도 없지 않았다. 그래서 조선시대에는 국가에서 이러한 토속 제사를 '음사淫祀'라 규정하고 근절시키려고 무던히 노력했으나, 백성들에게는 이러한 제사들이 전쟁과 가난, 질병 그리고 온갖 재앙으로부터 자신들을 구원을 주는 것이라 하여 음사에 대한 욕망이 매우 강하였다. 따라서 영험하다고 소문난 귀신들에 대한 제사의 유혹은 억제할 수 없었던 것으로 보인다.

전근대 시대에는 지역 사회마다 무수한 신들이 있었고 이를 모시는 제사가 있었다. 산, 하천, 샘물, 바위, 고목, 장승, 대문, 화장실, 부뚜막 등 어디에나 신들은 있었기에 사람들은 끊임없이 제사를 지냈다. 이들 제사는 무당들이 주관하는 경우가 많았고, 그것은 민중들의 맺힌 한을 풀어주는 행사가 되기도 하였다.

우리나라 역대의 위인들 가운데서 신격화된 인물로 가장 유명한 사람은 최영崔瑩이다. 여러 곳에 그를 모시는 사당이 있고 영험한 이야기들도 많이 구전되고 있다. 그는 또한 무당들이 모시는 주요한 신장神將의 한 사람이기도 하다. 그의 혼신은 능히 화복과 재앙을 주는 것으로 일컬어지는데, 그를 업신여기거나 불경한 자는 그 자리에서 죽는 일도 있었다고 한다. 이 때문에 무지한 사람들이 그를 두려워하고 또 복을 받고자 하여 제사하는 일이 많았다.

우리의 생활에 큰 부분을 차지하고 있는 제사는 대체로 다음과 같은 기능들을 가지고 있다.

첫째, 제사는 일종의 작은 종교의식이라고 할 수 있으며 원시적인 종교 기능을 가지고 있다. 종교의식이 빈약한 유교사회에서는 성균관이나 향교·서원의 제사뿐만 아니라 가정에서 행해지는 작은 제사도 사람들의 종교적인 욕구를 만족시키고 신비함을 체험케 하는 의미를 가지고 있었다. 조상에 대한 제사도 규모는 비록 작은 것이지만 조상신을 불러 제향하는 일종의 종교적 의전이며, 축복을 기원하는 의식이기도 하다. 그리고 실제로 제사의 주제자들은 일종의 사제司祭라고 할 수도 있으며 실제로 그러한 권위를 누리기도 하였다. 이러한 종교적 속성 때문에 제사에는 주관하는 사람의 정성이 매우 중시되었다. 그 때문에 제사를 지내기 전에는 몸과 마음을 깨끗이 정화하는 재계齋戒 의식이 있다. 재계를 철저히 행하여 정성이 지극하게 되면 제사를 행하는 도중에 신령의 강림을 몸으로 느끼기도 하고 음성을 듣는 사람들도 있다고 한다. 이러한 신성성 외에도 제사에는 여러 가지 종교적인 효과들이 부수되고 있다. 그것은 사람들의 사악한 마음을 막아주는 도덕적 효과를 주기도 하고, 심리적인 위안과 자기암시를 주기도 한다. 마치 종교인들이 구원에 대한 자기암시를 받듯이 제사를 지내는 사람들은 신령의 축복을 받는다는 암시를 받게 된다. 신을 접대하는 일은 사람들의 마음을 경건하게 하고 충만감을 주는 작용을 한다. 이러한 효과는 실제로 우리가 제사를 통하여 경험하는 것들이다.

둘째, 제사는 일정한 공동체의 구심점이 된다. 가정에서의 조상에 대한 제사는 조상을 추모하고 그 행적을 이야기하는 가운데 수백년 이어온 가문적 전통의 세례를 받게 되며 그 일원으로서의 정체성을 확인하게 되는 것이다. 이 때문에 제사의식은 가족이나 친족을 집합시키고 동족의식을 고취하여 화합과 우의를 도모하는 역할을 한다. 제사는 특히 현대사회에서 친족간의 유대를 강화하고 지속시키는 중요한 계기가 되고 있다. 우리 사회가 산업화되면서 대부분의 가정은 이미 핵가족의 형태를 띠게 되었고, 친족간의 거주 영역도 멀어지게 되었다. 이 때문에 가까운 친족들도 함께 모이는 일이 점차 드물어지게 되었다. 이러한 사회에서는 혼례나 상례 그리고 제례와 같은 의례가 중요한 만남의 장을 만들게 된다. 혼례나 상례는 매우 드물게 있는 일이지만 제사는 1년에 여러 번 있게 되므로 이것이 친족간의 만남을 이루는 가장 중요한 기회가 된다고 할 수 있다. 또 그것은 단순한 만남이 아니라 제사라는 의식을 통해 친족의식을 증대시키는 작용을 하는 것이므로 더욱 큰 의미를 가지게 된다. 이것은 또한 동제나 별신굿과 같은 지역공동체의 제사에서도 유사한 기능을 가지고 있다.

셋째, 제사는 우리 민족이 오랫동안 지켜 내려온 예속禮俗으로서 우리의 특징적인 문화유산이 되고 있다. 여기에는 우리 민족의 정서와 가치관이 진하게 배어 있다. 이것은 현재 살아 있는 우리들의 정신 가운데서 일부를 형성하고 있는 것이기도 하다. 수천년 지속해 온 습속이나 문화에는 많은 의미와 가치가 내포되어 있다. 우리는 그러한 전통적인 의식을 통해 조상의 정신을 몸으로 체득하고 마음으로 느끼게 되기도 한다. 전통 예속의 보존과 계승은 우리가 이어받은 소중한 정신을 우리의 후손들에게 전해주는 일이되기도 할 것이다. 오늘날에는 합리적 사고방식이 보편화되어 신의 존재를 믿거나 기복적인 관념에 빠지는 사람은 예전보다 덜하다. 이 때문에 제사도 본래의 종교적인 의미가점점 퇴색하고 있는 것이 사실이다. 따라서 제사도 점차 관습적이고 형식화된 의식儀式으로 고착되는 현상을 보이고 있다. 그렇더라도 이것은 우리 민족의 중요한 예속이며 무형문화의 하나라고 할 수 있다. 가능한 잘 보존해 갈 필요가 있는 것이다.

공동체 사회에서의 제사는 또한 그 집단의 축제이기도 하였다. 사람들의 생활은 어려웠지만, 이들 제사는 항상 풍성하게 차려졌고 술과 노래와 춤이 있었다.

나. 제례의 역사적 전개

제사는 만물의 영장인 사람만이 지내는 것으로 인류문화의 중요한 한 요소이다. 제사는 동서고금의 어느 사회에서나 행해져왔고 원시적인 미개사회에서나 현대 문명사회에서나 형태만 다를 뿐 지속적으로 행해지고 있다. 문명사회에서는 고급종교의 형태로, 미개사회에서는 주술적 형태로 저마다 정성을 다해 행해지고 있는 것이다.

제사는 사람들의 인지가 상당히 진화된 단계에 이르렀을 때, 즉 그들의 의식 속에 귀신의 관념이 형성되기 시작한 때부터 행해져 온 것으로 짐작된다. 그것은 문명의 동이 트는 것과 때를 같이하였다. 신석기시대에 이르면 도처에 거대한 바위들을 세워 제단이나 숭배의 대상으로 삼은 흔적들이 남겨지게 되었다. 그리고 청동기시대에 이르러 지구의 4대강 유역에서 인류의 고대문명이 발생하면서부터 제사를 위한 대규모의 신전들이 만들어지게 되었다. 이집트, 메소포타미아, 인도, 중국 등지에 남아 있는 신전들이 그것이다.

여기서는 우리 동양의 제사, 특히 중국과 한국의 제사에 대해서만 간략히 살펴보기로 한다. 중국의 문명은 제사와 함께 시작되었다고 하여도 과언이 아니다. 문헌에 기록된 중국 최초의 국가는 하夏나라이지만, 이는 전설 속의 국가이며 아직까지 확실한 고고학적 유적이나 유물이 발견되지 않았다. 그 다음의 국가는 은殷나라인데, 지금의 은허 지방에 방대한 신전과 제사의 흔적들을 남겨 놓았다. 여기에서는 종묘의 자리에서 희생물로 바쳐졌던 수많은 사람과 짐승들의 유골이 발견되었고, 또 그 신전에서 행하였던 점복占卜의 기록인 갑골甲骨들이 발견되었다. 갑골에 기록된 문자들은 한자의 원시형태로서 오늘날에도 대부분 판독하여 읽을 수 있다. 점괘의 대부분은 제사의 날짜를 받는 일과 시행 여부 그리고 제사에 바칠 희생물의 종류와 숫자를 묻는 내용으로 되어 있다. 이것들을 통하여 우리는 은나라의 제사 문화를 잘 알 수 있다.

은나라의 제사에는 사람을 희생물로 바치는 일이 많았다. 또한 왕족이나 귀족들의 무덤에도 사람을 순장殉葬하던 풍습이 있어 수십 명의 노예를 함께 묻는 경우도 있었다. 이렇게 제사나 무덤에 희생물 또는 순장으로 사용되던 사람들은 대부분 전쟁에서 잡혀온 강족羌族의 노예들이었다. 임금들이 지나치게 점과 제사에 몰두한 나머지 은나라는 결국 백성들의 원성을 사서 망했다. 그런데 제사에 사람을 희생물로 바치던 의식은 고대의 여러 신정국가神政國家나 중남미의 중세제국 또는 미개사회에서 흔히 행해지던 습속이었다.

주周나라 때는 사람을 희생물로 바치지는 않았으나 무수한 종류의 제사들을 받들고 있었다. 천단天壇이라고도 하는 원구단圓丘壇에서 행하는 하늘에 대한 제사, 방택方澤(네모나게 만든 연못)에서 행하는 땅에 대한 제사, 사직에서 행하는 국토와 곡신의 신에 대한 제사, 종묘에서 행하는 조상신에 대한 제사, 선농단先農壇에서 행하는 농사를 위한 제사, 영성단靈星壇 등에서 행하던 별자리들에 대한 제사, 학궁學宮에서 행하던 선현에 대한 제사 그리고 바람風·구름雲·비雨·천둥雷과 명산대천에 대한 제사 등 이루 헤아릴 수 없이 많은 제사들이 있었다. 이러한 제사들은 이후 근세에 이르기까지 중국의 역대 왕조에서 그대로 답습하여 행했다.

우리나라에서도 삼국시대부터 중국식 제사의 풍습이 전래되어 조선시대까지 국가와 일반 사회에서 행해졌다. 삼국시대 이전의 제사에 관해서는 중국의 단편적인 문헌 자료 이외에 남아 있는 기록이 없으므로 자세한 내용을 알기 어렵다. 다만 이 시기에는 신명을 받들어 복을 빌고자 하는 의례로서 천지天地·일월日月·성신星辰을 대상으로 행하였을 것으로 생각된다. 이러한 자연신에 대한 제사가 자신의 조상을 제사지내는 의례로 발전하기 시작한 것은 삼국시대부터인 것으로 생각되는데 일반 민중들에서보다는 왕가에서 먼저 행해졌다.

고구려에는 일찍부터 국조國祖인 시조를 모시는 신묘神廟가 있었다. 또 시조묘 외에 종묘가 있었던 것으로 보아 왕가에서는 일찍부터 조상에 대한 제사를 행하였음을 알 수 있다. 또 왕족이 아닌 유력한 귀족들의 집에도 종묘가 있었다고 한다.

백제 역시 시조묘로서 동명왕묘東明王廟를 세우고 역대 왕을 제사지낸 기록이 보인다. 또 중국 역사서에는 백제의 시조묘로서 구태묘仇台廟가 있어 춘하추동 사시에 제향했다고 전하고 있다. 백제의 시조가 누구인지 애매하지만 어떻든 시조묘를 통해 조상에 대한 제사가 행해졌음을 알 수 있다.

신라도 박혁거세를 제사지내는 시조묘가 있었고, 후대에 김씨 왕족이 왕위를 세습하면서부터는 김씨들의 시조를 따로 제사지내는 신궁神宮을 설립하기도 하였다. 또한 신문왕 때는 중국식의 종묘 제도인 5묘제가 완성되었다.

삼국시대의 제사의례는 중국 문물의 영향을 크게 받았다고 할 수 있다. 그러나 이러한 의례가 외형상 중국의 제도를 모방했다 해도 중국의 제도가 수용될 수 있었던 것은 우리 민족에게도 나름의 제사 관행과 습속이 있었기 때문이라고 할 수 있다. 상고시대에 우리 조상은 사람이 죽어도 이 세상에서와 똑같은 생활을 저 세상에서 한다고 믿었다. 사람이 죽어 저 세상에 가더라도 죽은 사람은 이 세상과 마찬가지로 육체와 영혼을 그대로 유지하면서 생활한다고 생각했던 것이다. 이러한 계세사상繼世思想을 바탕으로 하여 삼국시대에 중국과의 문화적 접촉이 빈번해지면서 고도로 세련된 의식을 수용하여 제사 의례가 정착되었던 것으로 생각된다.

신라 왕실은 적어도 687년 이전에 이미 5묘제가 갖추어진 종묘의 제사를 운영하고 있었고, 이 5묘제는 시대에 따라 조금씩 변모하기는 하였으나 신라 말기까지 그대로 유지되고 있었다. 신라의 종묘제도는 언제부터 시작되었는지 명확하지 않으나 아마도 통일전쟁 과정에서 당唐과의 밀접한 교류를 통해 도입된 것으로 생각된다. 신라에서 중국식 종묘제도인 5묘제는 『삼국사기』 제사지에 36대 혜공왕 때부터 처음 시작된 것으로 기술되어 있으나, 『삼국사기』 신문왕 7년조(687)에 이미 종묘의 제사 기록이 보이기 시작한다. 신문왕 때는 신라가 숙원인 삼국통일을 이룩하고 당과 밀접한 관계를 맺어 그 영향을 받은 시대였던 만큼 중국의 5묘제가 전래되고 실시될 수 있는 시기였다고 하겠다. 그리고 이 5묘제는 직계 조상을 제사하는 가묘제로서 자신의 조상을 중시했던 그 시대 왕족들의 성향이 잘 나타나 있다고 하겠다.

고려시대에도 왕가의 종묘인 태묘太廟가 있었고, 그 뒤에 다시 별묘別廟를 설치하여 역대 왕의 신주를 모셨다. 따라서 태묘와 별묘는 조선의 종묘와 같은 것으로 역대 임금을 제향하는 곳이었다. 왕가의 제사에 대해서는 기록에 나타나고 있으나 일반 서민의 제사에 관한 기록은 거의 보이지 않고 있다. 고려가 불교를 숭상했던 시대임을 감안할 때 조상에 대한 제사는 절에서 재齋를 거행하는 형태로 치러졌을 것이다.

고려말에 이르면 성리학의 수입과 더불어 『주자가례』에 따라 가묘家廟를 설치하려는 운동이 사대부 사이에서 활발해졌다. 이는 조상에 대한 제사를 사회적 관습으로 정착시키고자 한 운동이라고 할 수 있다. 그러나 고려시대에는 사실상 가묘가 그다지 보급되지 않았고, 조선시대에 이르러서도 상당히 우여곡절을 겪은 후 중기 이후에 이르러서야 정착되었다. 다만 사당을 비롯한 『가례』의 예법을 하나의 사회적 규범으로 정착시키려고 한 점에서는 그 의의가 크다고 하겠다.

조선시대는 제사의 전성시대라고 할 수 있다. 조선시대 예법의 표준은 왕실의 경우 『국조오례의』였고, 민간의 경우에는 『가례』가 절대적인 권위를 가지고 있었다. 그러나 조선초기에는 불교의례의 전통이 강하게 남아 있어 『가례』식의 유교의례가 사회 전반에 쉽게 보급되지 않았다. 그러나 성리학이 심화되기 시작한 16세기 중엽부터 비로소 양반

사대부 사회에서 『가례』가 정착하게 되었다. 그렇다고는 해도 조선시대의 가정의례가 모두 『가례』대로 시행된 것은 아니었고, 우리 실정에 맞게 시행하려고 노력하였다. 특히 혼례는 우리의 고유 전통이 강하여 조선말기까지도 『가례』의 예법이 그대로 행해지지 못하였다. 제사에서도 『가례』에서 규정된 사시제[24]四時祭, 시조제[25]始祖祭, 선조제[26]先祖祭, 부모 제사인 이제禰祭, 기일제忌日祭, 묘제[27]墓祭 등이 실제로 모두 실행되었던 것은 아니다. 『가례』를 비롯한 예서에서는 정규 제사인 사시제를 가장 중시하였지만, 우리의 관습적인 제사에서는 기제忌祭와 속절제俗節祭(명절의 차례)가 중시되었다.

우리의 제사 관념에 큰 변화가 나타나게 된 것은 한말에 기독교가 도입되면서였다. 기독교는 무엇보다도 우리의 전통적인 제사에 대한 관점에서 유교와 상치되어 계속 마찰을 빚었다. 기독교를 필두로 들어오게 된 서구 문물과 생활양식이 보급되면서 제사를 미신으로 배척하는 풍조가 일어나 일제강점기까지 계속되었다. 특히 일제 침략으로 조선왕조가 무너지고 왕조를 지탱하였던 양반계층이 몰락하자 양반 중심의 예법이 동시에 붕괴되었고, 유교식 제사 또한 그 사회적 존재 가치와 의미를 많이 상실하게 되었다. 그리고 일제가 공출을 강요하여 사당의 제기祭器를 대부분 회수해 간 뒤로는 사당을 중심으로 한 전통 제례가 큰 손상을 입고 사라져 가는 계기가 되었다. 현대의 제례는 대부분 유교예법에 근거를 두고 있기는 하나 많이 간소화되었고, 특히 1973년에 반포된 '가정의례준칙'은 전통 예법의 모습을 크게 변질시켜 많은 문제를 낳게 되었다.

---

24 기제를 모시는 4대(친미진, 고조부모 이하) 조상에게 매 계절의 중월(仲月, 음력 2월, 5월, 8월, 11월)에 정침(대청)에서 지내는 제사.
25 성씨를 개창한 시조에게 종손이 동지에 지내는 제사.
26 시조 이하 2세부터 5대조(고조의 부친)까지의 선조에게 종손이 입춘에 지내는 제사.
27 산소에서 지내는 제사. 원래는 3월 상순에 지내는 고조(高祖) 이하의 친제(親祭)를 뜻하는 말로, 『사례편람(四禮便覽)』에는 "3월 상순에 택일하여 하루 전에 재계(齋戒)한다"고 되어 있으나 오늘날에는 묘사(墓祀: 親祭)·시향(時享)·절사(節祀) 등을 통틀어 이른다.

다. 성황제(서낭제)의 유래와 변천

성황城隍의 유래에 대해서는 분명하지 않으나 한국 전래의 천신天神과 산신山神이 복합된 것과, 중국에서 유입된 성황신앙城隍信仰이 융합되었다고 한다. 중국에서의 성황신앙은 성읍의 둘레에 못을 파놓고 그 못에 깃든 신神이 성읍을 지켜준다고 믿는 성城의 수호신앙에서 발생하였다. 이후 당대唐代에는 양자강 유역을 벗어난 지역에도 나타나는 등 전국적인 신앙으로 확산되어 갔으며, 송대에는 지방적인 신앙 대상에서 국가예제의 대상으로까지 승격되었다. 명대에는 성황신의 봉호封號 폐지와 신상神像 대신 신주神主를 모심에 따라 성황의 신앙적인 측면이 약화되는 대신 유교 이념적인 성격이 강화되었다.

성황의 이런 측면은 법제상 청대에까지 이어져 오지만, 이 시기에 성황신앙의 민간화도 성행되었음을 알 수 있다. 그리고 중국 성황신은 주로 군사상의 수호신, 일기나 기후의 조절신, 사후 인간의 사명신司命神·심판신審判神 등과 관련하여 믿어졌다. 또 실존 인물의 성황신화에 대해서는 해당 인물이 지닌 생전의 공로나 지역과의 연고성 등이 동기로 작용하여 신격화되었다. 한편 중국 성황신앙은 도교와의 밀접한 관련 하에서 전승·발전하여 오면서 민간신앙의 대상이 되기도 하였다.

우리나라에 성황이 전래된 것은 10세기 말 고려 성종 때로 추정된다. 이후 고려의 성황은 11세기 중반인 문종 때 국가제사의 대상이 되고, 12세기 이후 성황사가 지방의 행정 중심지인 주·부·군·현에 건립되면서 해당 지역의 성황제도 지방관이 주제하게 된다. 이 시기 성황사가 행정 중심지의 산중에 주로 설치됨으로써 산신과 성황신의 혼용을 가져오게 되었고, 또한 성황이 무속의 대상신이 되면서 성황신앙의 민속화가 이루어졌다. 아울러 해당 지역의 토착세력, 즉 향리가 성황제를 주제하는 경향도 보인다. 12세기 이후 향리에 의한 성황제의 시행은 성황신앙의 토착화·민속화를 가져왔고, 지방에서의 산신·성황제의 성행과 정착을 초래하였다. 즉 고려중기 이후 산신과 성황신은 민속에서는 거의 유사한 신으로 인식되어 온 반면, 국가에서는 산신과 성황을 각기 구별하여 제사하였다.

고려후기에 들어와 왕실에서는 성황의 사전[28]祀典기구화를 보강하고 국행제國行祭를 위한 경제적 기반으로 위전位田을 책정하는 등 관심을 보이고 있었다. 그러나 왕실은 민간에서 성행되고 있던 성황신앙이나 성황제는 대체로 묵인하는 추세였다. 이 같은 전승과정과 관련하여 고려의 성황은 주로 군사상의 수호신으로 믿어졌던 점에 주목하였는데, 이는 고려 성황신의 성격이 외침이 잦았던 고려의 역사를 그대로 반영하는 것이기도 하다. 그리고 민간에서의 성황제는 무격이나 향리들이 주도한 사실을 지적하였는데, 이에 대해 일부 지방관들의 규제가 가해지기도 하였으나 결코 근본적인 통제책이 되지는 못하였다. 또한 고려조에서도 실존 인물의 성황신 사례가 나타나는데, 이들의 지역 성황신화에 생전 공로나 연고성이 동기로 나타나지만 중국과 달리 후손들에 의해 신격화된 점을 볼 수 있다.

산신·성황제에서 제사 주체로 나선 왕실이나 국가가 내세운 이념적인 측면을 배제한다면, 신앙 그 자체로부터 차이점은 찾아볼 수 없다. 다만 그것이 국가제사로의 수렴 여하에 따라 국가로부터 예우를 받거나 아니면 음사로서 금지의 대상이 되어 왔을 뿐이다.

산신·성황제는 사전祀典 성립 이후 역대 왕조에 걸쳐 국가제사의 대상으로 유교제례의 적용을 받아온 반면 민들은 전통적인 방식(무속제례)대로 산신·성황제를 전승시켜 왔다. 고려중기 이후 점차 유교제례에 대한 이해가 심화되면서 유신儒臣들에 의해 민들의 산신·성황제 금지론이 제기되는데, 여기에는 국왕의 산신·성황제는 국왕의 고유 권한에 속한다는 명분론이 바탕에 있었다. 이에 민들의 산신·성황제는 왕권에 저촉되는 현상으로 인식되고 결국 조선왕조에 들어와 추진된 왕권 강화책 및 유교화 정책과 맞물리면서 민들의 산신·성황제가 음사淫祀로 규정되어 제재를 받게 되고, 국가에 의한 산신·성황제의 유교제례화가 재차 강화되어 갔던 것이다.

고려조 이래 각 지방에서의 산신·성황제는 읍사[29]邑司를 장악한 향리들에 의해 주관되어 왔으며, 결과적으로 지방에서는 전통신앙이나 제사를 두고 중앙권력을 대변하는 지방관과 향리간에 마찰이 발생하였다. 특히 향리들은 해당 지역에서의 산신·성황제를 주관

---

28 고려 및 조선시대에 국가에서 공식적으로 행하는 각종 제사에 관한 규범이나 규정.
29 향리들의 집무기구.

하면서 이를 통해 자신들의 위상을 과시하고자 하였다. 그러나 조선초기 중앙집권화에 따라 향리의 신분 하락이 조장되고, 이로써 조선왕조의 향리는 관아의 실무에 종사하는 하급관리로 전락하였지만 읍치에서 여전히 이들에 의해 산신·성황제가 시행되어 왔다.

조선중기 이후 향촌사회에서 사족의 지배력 강화가 도모되면서 실천윤리로써 내세운 유교화가 이 시기 향촌사회에 유교가 정착되는 계기가 되었다. 또 향리가 주관하는 읍치제의 유교식 전환은 조선중기에 들어와 나타나는 변화상으로, 이 시기 향리들이 기존의 산신·성황제를 유교 제례로도 실시하던 모습을 보여준다. 이는 향리들이 해당 지역에 있어 전보다 약화된 위상을 유지 내지 강화하는 데에도 일정한 역할을 하였음을 보여주는 것이다.

또한 유교이념을 지방에까지 확산시켜야 할 지방관으로서 이들 향리들의 협조 없이는 지방통치를 할 수 없기에 여기서 지방관과 향리간의 타협이 발생한 결과 향리들에 의한 산신·성황제의 유교 제례화가 절충되는 방향으로 나타났다. 이에 향리 주도의 유교화된 산신·성황제가 읍치를 중심으로 전개되었고, 점차 그 관할하의 자연촌의 동제에까지 확산되어 갔다.

역대 왕조에 걸쳐 민들의 신앙 행위 및 제사는 숱한 제재를 받아 왔음에도 불구하고 지속되어 온 것은 민들의 실제적이고 현실적인 욕구가 그 바탕에 있어왔기 때문이다. 그러나 국가의 제도적 뒷받침을 받아 시행되어 온 유교제례는 신앙적인 측면보다 이념적인 측면이 강하였기 때문에 각 왕조의 붕괴와 건국에 따른 이념의 변화에 따라 국가제사도 변화 내지 소멸되어 갔다. 이는 동제의 자발적이고 지속적인 전승과 대비되는 것이다. 이런 점에서 조선왕조의 붕괴와 함께 국가 제사로서의 산신·성황제의 소멸은 유교제례가 지닌 한계였다.

또 조선왕조의 몰락과 함께 향리 및 향리의 거점인 향촌도 신분적·행정적 개편을 거쳐 종래의 의의를 상실하여 더 이상 향리의 읍치제의는 전하지 않지만, 대신 자연촌에 전해오던 산신·성황제가 유교제례의 방식을 답습하면서 오늘날의 동제로 전해오고 있다. 향리의 읍치제의에 보이는 유교화는 중앙정부와 지방 세력간의 타협점을 보여주며, 이와 관련하여 동제의 유교화는 조선후기 자연촌에까지 유교화가 달성되었으면서 또한 그 모순을 반영하는 것이기도 하다. 즉 국왕의 산신·성황제가 조선중기 이후 관념화·형식화되면서 국가제사가 지닌 본래의 의미도 점차 약화되어 갔고, 동시에 유교의 실천윤리가 요구되던 사회적 분위기와 동제가 더 이상 통제될 수 없게 된 상황에서 동제의 유교화라는 현상으로 나타난 것이다. 이런 점에서 동제의 유교화는 전근대 시대의 국가제사가 향촌단위의 민속으로까지 이행된 것이라 할 수 있다. 여기에는 본래 민의 제사가 국가제사로 승격되고 다시 국가와 민, 중앙정부와 지방세력의 제사라는 양분된 현상 속에 민과 지방세력의 제사가 국가의 규제를 받아오면서도, 국가제사의 붕괴 후 민의 제사로 이어져 온 과정이 유교화된 동제에 반영되어 있는 것이기도 하다.

한편 근세 이후 동제 조사를 통해서는 무속식에서 유교화로 전환된 배경에는 제비祭費의 지출 부담이 한 요인이 되었다는 것도 알 수 있다. 무속식 동제에 비해 유교식 동제는 제비 지출에 있어 부담이 적기 때문이다. 이는 동제의 유교화가 곧 내부로부터 추진된 것임을 시사하는 것이기도 하다.

그러나 동제의 유교화는 동시에 동제의 형식화를 초래하고, 제관만의 참여에 의한 제사의 시행은 주민의 참여를 배제함으로써 동제가 지닌 본래의 축제적·통합적 측면을 약화시키는 결과를 가져왔다. 동제가 공유된 신앙과 제사를 통해 주민들에게 일체감과 결속감을 강화하여 주고, 민의 주체적인 참여와 자체적인 운영으로 마을 문제에 대처한 점 등 긍정적으로 평가되어야 할 점이 적지 않은데도 동제를 미신시하고 불합리한 관행으로 간주하여 온 데에는 역대 왕조에 걸쳐 민의 제사가 지속적으로 부정되어 온 이념과 결코 무관하지 않다.

조선왕조의 몰락은 이후 동제의 자체 발전을 꾀할 수 있는 계기였지만, 이어 일제의 식민지 정책이 진행되면서 이들에 의해 한국문화 전반에 대한 부정이 뒤따랐다. 동제 또한 이들에 의해 미신迷信으로 간주되었으며, 이에 따라 규제의 대상이 된 데에는 변함이 없었다. 더욱이 이같은 시각은 해방 이후까지 이어지면서 동제의 부정으로 일관되어 왔다. 그러나 동제를 바라보는 음사론과 유교 제례상의 명분론, 또는 당국자들의 미신론은 지배자의 논리에 불과하며, 최근까지 동제의 전승과 인식에까지 부정적인 영향을 주었다는 점에서 극복되어야 할 요소이다.

2.

강릉단오제의
유래와 특징

가. 강릉단오제의 유래

　단오는 음력 5월의 대표적 명절이다. 우리나라에서 단오는 삼국시대 때 민속명절로 자리잡기 시작하여 고려시대에 들어와 원정元正·상원上元·한식寒食·상사[1]上巳·중구[2]重九·동지冬至·팔관[3]八關·추석秋夕과 함께 세속명절로 선정되었고, 조선시대에 들어와 설·한식·추석·동지와 함께 4명절 또는 5절향節享에 속하였다.

　강릉단오제는 대관령국사성황을 제사하며, 산로안전山路安全과 풍작豊作·풍어豊漁, 집안의 태평 등을 기원하는 제의이자 축제라고 할 수 있다. 강릉단오제는 농경사회 때 씨뿌리기를 끝낸 후 한 해의 풍요로운 결실을 기원하며 하늘에 제사를 지내는 제천의식에서 시작되었는데, 후대에 놀이가 가미되면서 축제로 승화되었다. 제천의식의 유풍과 세시풍습의 원형이 온전히 살아있는 강릉단오제는 1967년 '국가무형문화재 제13호'로 지정받았고, 2005년 11월 25일에는 유네스코가 지정한 '인류구전 및 무형유산 걸작'으로 등재되었다.

〈유네스코 '인류구전 및 무형유산 걸작' 인증서〉

1　삼짇날. 음력 3월 3일.

2　음력으로 매년 9월 9일을 중구 또는 중량절이라 함. 중량이라 하는 것은 9가 양수이기 때문에 양수가 겹치는 것을 이르는 것이다.

3　불교의식의 하나로서, 팔관재회(八關齋會)·팔재회(八齋會) 등으로도 불린다. 팔관회는 "살생하지 말고, 도둑질하지 말며, 간음하지 말며, 헛된 말 하지 말며, 음주하지 말라"라는 불교의 오대계(五大戒)에, "사치하지 말고, 높은 곳에 앉지 말며, 때 아닌 때에 먹지 않는다"라는 세 가지를 덧붙인 여덟 가지 계율을 재가신도(在家信徒)들로 하여금 하루 낮·하루 밤 동안 지키게 하는 의식으로, 금욕(禁慾)과 수행을 목적으로 하는 지극히 종교적인 행사였다.

강릉단오제가 정확히 언제부터 시작되었는지는 알 수 없다. 그렇지만 조선시대의 단편적인 기록이 전하고 있어 강릉단오제의 역사와 예전 모습을 유추해 볼 수 있다.

> 영동의 민속에는 매년 3·4·5월 중에 날을 받아 무당을 맞이하고 수륙水陸의 별미를 극진히 마련하여 산신에게 제사를 드린다. 부자는 제물祭物을 말 바리로 실어 오고 가난한 자는 지거나 이고 와서 제단에 차려 놓고, 피리를 불고 비파를 타며 즐겁게 사흘을 연이어 취하고 배불리 먹은 연후에야 집으로 내려와서 비로소 사람들과 매매를 시작한다. 만약 제사를 지내지 않으면 한 자의 베[尺布]도 남과 매매할 수 없다(『추강선생문집』권5, 유금강산기).

위의 기사는 남효온이 성종 16년(1485) 윤4월 11일에 고성군을 지나면서 영동지역의 민속에 대해 기록한 것이다. 이에 따르면 영동지역의 사람들은 매년 3·4·5월 중에 날을 받아 무당을 맞아다가 산신에게 제사를 드리는 풍속이 있다고 하였다. 이때 말 바리로 제단에 차릴 제물을 실어오는 부자도 있고, 머리에 이고 지고 오는 가난한 자도 있었다. 그런데 이들은 제사를 지낸 뒤에야 매매행위를 할 수 있었는데, 제사를 지내지 않은 사람은 한 치의 베尺布도 매매할 수 없었다고 한다. 이는 영동지역의 민속에 대한 기록이지만, 그 시기에 5월이 포함되어 있고 그 의식이 대관령성황제의 진행과 흡사한 점으로 미루어 보아 강릉단오제도 이와 유사했으리라 생각된다.[4]

강릉단오제의 주신은 신라의 명장인 김유신 또는 강릉지역 출신의 승려 범일국사라는 전승이 있어 왔다. 주신이 김유신이라고 하는 것은 허균(1569~1618)의 문집 속에 들어 있다.

> 계묘년(선조 36, 1603) 여름이었다. 내가 명주溟州(강릉)에 있을 때 고을 사람들이 5월 초하룻날에 대령신大嶺神을 맞이한다 하기에, 그 연유를 수리首吏에게 물으

---

4   이하는 박도식, 「범일국사와 강릉단오제」『임영문화』36, 강릉문화원(2012)에 의거하여 서술하였다.

니 수리가 이렇게 말하였다. "대령신이란 바로 신라 대장군新羅大將軍 김공유신 金公庾信입니다. 공이 젊었을 때 명주에서 공부하였는데, 산신山神이 검술劍術을 가르쳐 주었고, 명주 남쪽 선지사禪智寺에서 칼을 주조鑄造하였는데, 90일 만에 불 속에서 꺼내니 그 빛은 햇빛을 무색하게 할 만큼 번쩍거렸답니다. 공이 이것을 차고 성내면 저절로 칼이 칼집에서 튀어나오곤 하였는데, 끝내 이 칼로 고구려를 쳐부수고 백제를 평정하였답니다. 그러다가 죽어서는 대령의 산신이 되어 지금도 신령스럽고 기이한 일이 있기에, 고을 사람들이 해마다 5월 초하루에 괫대[旛蓋]와 향화香花를 갖추어 대령에서 맞이하여 부사府司에 모신답니다. 그리하여 닷새 되는 날에 잡희雜戲로 신神을 기쁘게 해 드린답니다. 신이 기뻐하면 하루 종일 괫대가 쓰러지지 않아 그 해는 풍년이 들고, 신이 화를 내면 일산이 쓰러져 그 해는 반드시 풍재風災나 한재旱災가 있답니다." 이 말을 듣고 나는 이상하게 여겨 그 날에 가서 보았다. 과연 일산이 쓰러지지 않자, 고을 사람들이 모두 좋아하고 환호성을 지르며 경사롭게 여겨 서로 손뼉 치며 춤을 추는 것이었다. 내 생각건대 공은 살아서는 왕실에 공功을 세워 삼국통일의 성업盛業을 완성하였고, 죽어서는 수천 년이 되도록 오히려 이 백성에게 화복禍福을 내려서 그 신령스러움을 나타낸다(『성소부부고』권14, 문부11 大嶺山神贊 幷書).

위의 기사는 지금부터 410여 년 전에 허균이 강릉에 왔다가 단오제를 구경하고 기록한 글의 일부이다. 그는 대령신을 맞이하는 연유를 수리首吏에게 듣게 되는데, 수리는 대령신이 바로 신라 대장군 김유신이라고 하였다. 김유신 장군을 신으로 모시는 것은 젊었을 때 명주에서 산신에게 검술을 배우고 신검을 주조하여 그것으로 고구려와 백제를 평정하였고, 죽어서는 대관령의 산신이 되어 신령스런 이적이 있기 때문이라 하였다. 그래서 고을 사람들은 매년 5월 1일에 대관령산신사에 가서 신을 맞이하여 부사府司에 모시었고, 닷새 되는 날에 잡희雜戲로 신을 기쁘게 주었다는 것이다. 이때 신이 기뻐하면 그 해는 풍년이 들고, 신이 화를 내면 그 해는 천재지변이 들었다고 한다. 이 기록을 통해서 강릉단오제는 이전부터 성대한 향토제로서 전승되고 있었음을 알 수 있다. 『고려사』왕순식조와 광해군 때 편찬된 『임영지』前誌 사전조祀典條의 기록을 보자.

> (고려) 태조가 신검神劍을 토벌할 때, 순식順式이 명주溟州로부터 그 군사를 거느리고 와서 연합하여 적을 격파하였다. 이때 태조가 순식에게 말하기를 "짐이 꿈에 이상한 스님이 갑사甲士 3천 명을 거느리고 온 것을 보았는데, 다음날 경卿이 군사를 거느리고 와서 도우니 이것이 바로 그 몽조夢兆로다"고 하였다. 이에 순식이 말하기를 "신이 명주를 떠나 대관령[大峴]에 이르렀을 때 이승사異僧祠가 있기에 (그곳에서) 제사를 차리고 기도하였는데[設祭以禱], 왕께서 꿈꾼 것은 반드시 이것일 것입니다" 라고 하니, 태조가 이상하게 여겼다(『고려사』권92, 왕순식전).

『고려사』에 의하면 태조 19년(936)에 왕순식이 태조 왕건과 함께 후백제의 신검군을 토벌할 때 그의 군사를 거느리고 강릉을 출발하여 대관령에 이르러 이승사異僧祠에서 제사를 차리고 기도하였는데設祭以禱, 이것이 왕건에게 이승의 모습으로 꿈에 나타났다는 것이다. 그러나 광해군 때 편찬된 『임영지』前誌에는 『고려사』와 다르게 기록되어 있다.

> 대관산신大關山神은 탑산기塔山記에 "왕순식이 고려 태조를 따라 남쪽을 정벌할 때, 꿈에 승속이신僧俗二神이 군사를 거느리고 와서 구원해주었다. 꿈에서 깨어나 싸워 이기매 대관령에서 제사를 지냈는데, 이후 치제致祭하고 있다"고 하였다[이것은 『고려사』에 기록된 바와 같이 않다](『임영지』前卷2, 祀典).

『임영지』(전지)에는 왕순식이 태조 왕건을 따라 신검을 토벌할 때 꿈에 승속이신僧俗二神[5]이 군사를 거느리고 구원해준 것에 대해 대관령에서 제사를 지냈는데, 이것이 지금까지 이어져 온다고 한다.

---

5   임동권은 승신(僧神)을 범일국사, 속신(俗神)을 김유신 장군으로 추정하였다.

위의 두 자료의 차이점을 살펴보면, 우선 꿈을 꾼 주체가 왕건과 왕순식으로, 치제한 시기가 전쟁 전과 후로, 신체神體가 이승과 승속이신으로 나타난다. 반면에 '승'이 나타났다는 것과 제사를 지냈다는 것이 함께 보여 승에 대해 제사를 지냈다는 점에서 일치하고 있다. 따라서 후삼국시대에 대관령과 관련된 승에게 치제하였음을 알 수 있다.

『고려사』와 『임영지』(전지)의 기록은 역사적 사실을 반영하고 있는 것으로 생각된다. 따라서 대관령 산신과 관련된 제사의 역사는 천여 년 전까지 거슬러 올라간다고 할 수 있다. 이 두 기록에서 한 가지 공통되는 것은 대관령의 신이 산신으로 나오고 있는 점이다. 다시 말해, 조선후기까지도 대관령신은 산신으로 믿어져 왔고 아직 성황신과 연관되어 있지는 않는다는 것이다.

문헌상 대관령에서 모시는 신이 산신에서 국사國師로 바뀐 것으로 파악되는 기록은 정조 10년(1786)에 편찬된 『임영지』 속지續誌에 처음으로 나타난다.

> 읍邑에는 각각 성황사가 있어 봄가을에 제사를 올리는데, 강릉에는 (봄가을에) 제사를 올리는 외에 특별히 다른 것이 있다. 매년 4월 15일에 강릉부의 현직 호장戶長이 무당[巫覡]을 거느리고 대관령에 이르는데, 고개 위에는 신사神祠 한 칸이 있다. 호장이 신당 앞에 나가 고유告由하고 남자 무당으로 하여금 수목樹木 사이에서 신령스런 나무를 구해오라고 한다. 갑자기 회오리바람이 불어 가지와 잎이 절로 흔들리면 신령이 있는 바라 하여 나뭇가지 하나를 잘라 건장한 장정으로 하여금 받들게 했는데 이를 국사國師라 하였다. 행차할 때에는 피리를 불며 앞에서 인도하고, 무당들은 징을 울리고 북을 치며 이를 따르며, 호장은 대창역의 말을 타고 뒤 따라 천천히 간다. 이를 구경하는 자가 마치 담장처럼 둘러섰다. 어떤 사람들은 종이와 천을 찢어서 신목神木에다 거는가 하면 어떤 사람들은 술과 안주를 마련하여 무당들을 위로하였다. 어두워질 무렵 관아에 도착하면 뜰에 세워 놓은 횃불이 주위를 환하게 밝히고 이어 관노비[官隸]들이 정성껏 맞이하여 성황사에 안치安置하였다. 5월 5일에 무당들이 각종 비단 자락을 모아 고기비늘처럼 나란히 폭을 이어 오색찬란하게 만들어 긴 장대에다 거니 마

치 우산을 편 것 같았다. 비단 자락에 각기 이름을 쓰고 번개幡蓋를 만들어 힘센 장정이 이를 받들고 앞장서면, 무당들은 풍악을 울리며 그 뒤를 따르고, 광대들은 잡희雜戱를 하며 행진하였다. 이렇게 온종일 놀다가 성城 남쪽 문으로 나가 소학천巢鶴川에 이르러 파하였고, 대관령에서 받들고 온 신목神木은 그 다음날 성황사에서 태웠다. 이 고을의 풍습은 상례화된 지 이미 오래되었다. 이 행사를 치르지 않으면 바람이 불고 비가 내려 곡식을 손상시키고 짐승들이 사람을 해친다고 하였다(『臨瀛誌』續卷1, 風俗條).

강릉부에서는 매년 음력 4월 15일에 현직 호장이 대관령에 가서 국사國師를 정성껏 맞이하여 성황사에 안치하였다가 5월 5일에 잡희를 하며 소학천에 이르러 파하였고, 대관령에서 받들고 온 신목은 그 다음날 성황사에서 태웠다. 이 행사를 치르지 않으면 바람이 불고 비가 내려 곡식을 손상시키고 짐승들이 사람을 해친다고 하였다. 강릉지역에서의 이 풍습은 상례화된 지 이미 오래되었다고 한다. 여기서 국사는 대관령국사성황신으로 파악된다.

범일국사가 사후에 대관령국사성황신이 되었다고 하는 근원설화가 처음 등장하는 것은 임진왜란 이후에 와서이다. 이에 대해서는 다음과 같은 유래담이 전해온다.

옛날 대가집의 한 처녀가 바가지로 푼 물 속에 자꾸 해가 떠있자 이상히 여기며 그 물을 마셨다. 그 후로 임신하여 아이를 낳으매 산모는 가족과 이웃사람 몰래 그 아기를 내다버렸다. 그러나 모정母情에 못 이겨 다음날 아기를 다시 찾으러 가보니 산짐승과 날짐승이 아기를 감싸 보호해 주고 있는 것이었다. 이에 이 아기가 장차 비범한 인물이 될 것을 짐작하고 데려다 키웠다. 아이는 후에 경주로 가서 열심히 공부하여 국사國師가 되어 돌아왔으며 그 이름이 중국에까지 떨치게 되었다. 국사는 강릉에 살았는데, 임진왜란이 발발하자 대관령에 올라 술법을 부려 산천초목을 모두 군세軍勢로 변하게 하니 왜군이 감히 접근치 못하고 달아났다. 이렇게 나라에 공이 많고 향토를 보호하는데 공이 큰 국사는 죽어 대관령

성황신이 되었다.[6]

이 이야기의 주인공인 범일국사는 실제 신라하대 강릉지방에서 살았던 인물이다. 그런데 이야기 속에는 임진왜란 당시 왜군을 술법으로 격퇴하였다고 하여 조선중기에까지 생존했던 인물로 전해지고 있다. 이것은 시대를 초월하여 임진왜란의 고통스런 기억이 아직 생생하게 남아 있었던 민중들의 입장에서 볼 때, 이런 고통으로부터 자신들을 구원해줄 영웅적인 인물로 신라하대 강릉 출신의 고승高僧인 범일을 신격화한 것으로 해석된다. 어쨌든 설화를 통해서 볼 때 범일국사가 성황신이 된 것은 임진왜란과 관련되어 있다. 그러나 거의 비슷한 시기에 남긴 허균의 문집 『성소부부고』 속에는 범일에 대한 언급이 전혀 없는 것으로 보아, 아직 이 시기까지는 범일의 신격화는 이루어지지 않은 것으로 보인다. 범일국사 탄생설화가 광해군 때 편찬된 『임영지』 전지前誌에 처음 등장하는 것도 이와 밀접한 관계가 있다고 본다.

> 신라 때 양가집 딸이 굴산崛山에 살고 있었는데, 나이가 들도록 시집을 가지 못하였다. 어느 날 우물가에서 빨래를 하고 있었는데, 햇빛이 배를 비추자 저절로 태기胎氣가 있었다. 그녀는 지아비 없이 아이를 낳자 집안사람들이 이상하게 여길 것 같아 아이를 얼음 위에다 버렸는데, 새들이 날개로 덮어주었고 밤중에 하늘에서 상서로운 빛이 비쳤다. 이에 아이를 도로 데려다 길렀는데, 이름을 범일梵日이라 하였다(『임영지』前卷2, 釋證條).

위의 기사는 범일의 어머니가 중매를 넣기도 전에 결합하여 지아비 없이 아이를 낳게 되자 갖다 버렸는데, 새들이 아이를 보호해 주고 밤중에 하늘에서 상서로운 빛이 비치자 도로 거두어 길렀다는 내용이다. 범일의 출생과 관계있는 돌우물石泉과 학바위鶴岩는 지금도 강릉시 구정면 학산리에 남아 있다.

---

6   任東權, 1971「江陵端午祭」『韓國民俗學論攷』, 집문당, 216~217쪽.

이상의 기록과 설화를 종합해 보면, 강릉단오제 주신은 본래 대관령산신으로 김유신을 신격화하여 왔으나 조선중기 이후 이 지역에서 점차 성황신앙의 성행 및 확산에 따라 이 지역 출신인 범일을 성황신으로 인식하여 '국사성황신'이 된 것으로 보인다.

조선후기 정조 때 편찬된 『임영지』續誌에 의하면 강릉에는 성황사에서 봄가을에 올리는 제사와 특별히 지내는 제사가 있다고 하였다. 전자는 조선초기 성황제 재편으로 인해 정사正祀로 새로이 등장한 지방관 주도의 읍치邑治성황제이고, 후자는 단오 때 거행하는 향리 주도의 성황제이다. 강릉의 성황사는 강릉부 서쪽 100보 지점에 있었고, 대관산신사大關山神祠는 강릉부 서쪽 40리 지점에 있었다.

원래 강릉 성황사에는 조선초기 국가의 사전정책祀典政策에 따라 '강릉부성황지신江陵府城隍之神'이라고 쓴 신위神位만 봉안되었으나, 중종 25년(1530)에 편찬된 『신증동국여지승람』에는 "지금은 (화부산에 있던 김유신사를) 성황사에 합쳤다"고 하였다. 그후 광해군 연간(1608~1623)에 편찬된 『임영지』前誌에는 "성황지신城隍之神, 송악지신松嶽之神, 태백대천왕신太白大天王神, 남산당제형태상지신南山堂帝形太上之神, 성황당덕자모왕지신城隍堂德慈母王之神, 신라김유신지신新羅金庾信之神, 강문개성부인지신江門開城夫人之神, 감악산대왕지신紺嶽山大王之神, 신당성황지신神堂城隍之神, 신라장군지신新羅將軍之神, 초당리부인지신草堂里夫人之神" 등 11신이 봉안되어 있다고 하였다.

1928년 여름 1주일간 강릉을 방문하여 조사한 일본인 학자 아키바 다카시秋葉隆는 "노인 이근주李根周씨의 기억에 따르면 그 속에 흥무대왕 김유신, 송악산신, 강문부인, 초당부인, 연화부인, 서산송계부인, 범일국사, 이사부 등이 있었던 것 같다. 노인은 이 12신의 이름을 조사하려고 당시의 무격 중 강릉 유일의 생존자 조개불趙介不에게 물어보았지만 역시 전부는 알 수 없었다"고 하였다. 그후 무라야마 지준村山智順은 "대성황사 가운데에는 성황신 외에 다른 산신 및 장군신 등이 모셔지고 있었다"고 하였다. 12신의 이름 모두를 최초로 언급한 사람은 임동권 교수이다.

강릉 대성황사에 봉안된 신위의 추이

출 처	봉안 신위
조선 초기	성황지신
신증승람	성황지신, 김유신
『임영지』 (광해군)	城隍之神, 松嶽之神, 太白大天王神, 南山堂帝形太上之神, 城隍堂德慈母王之神, 新羅金庾信之神, 江門開城夫人之神, 紺嶽山大王之神, 神堂城隍之神, 新羅將軍之神, 草堂里夫人之神(11신위)
秋葉 隆 (1930)	興武大王 金庾信, 松嶽山神, 江門夫人, 艸堂夫人, 蓮花夫人, 西山松桂夫人, 泛日國師, 異斯夫(8신위)
村山智順 (1937)	성황신 외에 다른 산신과 장군신 등 봉안
임동권 (1966)	松岳山之神, 太白大王神, 南山堂帝形太上之神, 紺岳山大王之神, 城隍堂德慈母王之神, 神武堂城隍神, 金庾信之神, 異斯夫之神, 草堂里夫人之神, 西山松桂夫人之神, 蓮花夫人之神, 泛日國師之神(12신위)

강릉 대성황사에 봉안되어 있던 12신은 ① 산신山神(송악산지신, 태백대왕신, 남산당제형태상지신, 감악산대왕지신, 김유신지신), ② 지모신地母神(성황당덕자모지신, 초당리부인지신, 서산송계부인지신, 연화부인지신), ③ 장군신將軍神(김이사부지신), ④ 성황신城隍神(신무당성황신, 범일국사지신)이었다. 이는 지역적으로 개성과 강릉 주위에 모셔진 신을 한 곳에 봉안한 것이라 판단된다.

나. 강릉단오제의 특징

강릉단오제는 대관령국사성황 신앙과 단오라는 세시풍속이 결합한 신앙과 놀이, 그리고 난장이 잘 조화를 이룬 우리나라의 대표적인 전통축제이다.

예전에는 매년 음력 3월 20일부터 5월 6일까지 약 50일에 걸쳐 진행되었다. 이 기간 동안의 행사일정은 3월 20일에 신주神酒 빚는 것을 시작으로 4월 1일과 8일에 헌주獻酒와 무악巫樂이 있었고, 14일 저녁부터 15일 밤에 걸쳐 대관령에서 산신과 국사성황께 제사지내고 국사성황을 국사여성황사에 모셔와 국사여성황과 합배合配한 후에 강릉대도호부 관아 건물 뒤에 있던 대성황사에 봉안하였다. 그때부터 27일의 무제巫祭를 거쳐서 5월 1일부터 신대神竿을 세우고 관노가면극을 연행하였고, 6일에 신을 다시 돌려보내는 송신제를 지낸 후 대성황사 뒷마당에서 신대 등을 소제燒祭하는 것으로 막을 내렸다.

그러나 갑오개혁 이후 대성황사가 훼철되면서 강릉단오제는 매년 음력 4월 5일에 신주 빚는 것을 시작해서 5월 8일에 송신제를 지내고 막을 내린다. 이 기간 동안의 행사내용은 대관령에서 산신과 국사성황께 제사지내고 국사성황을 모셔와 축제를 치른 후 다시 돌려보내는 것을 골자로 하고 있다.

오늘날 강릉단오제에서는 범일국사梵日國師, 정씨가 여인鄭氏家女人, 신라의 김유신 장군을 모신다. 이들이 생존한 시기는 각각 다르지만, 모두 실존인물로 강릉과 관련 있는 인물이다. 범일국사와 정씨가 여인은 강릉출신이고, 김유신 장군은 강릉에 한때 머문 바 있다. 이들은 모두 죽은 다음 신격화되어 대관령국사성황신, 대관령국사여성황신, 대관령 산신으로 등장하여 지방민을 보호해주고 있다.

대관령국사성황신과 대관령국사여성황신을 모시고 지역 주민들이 한 해 동안의 소원을 빌며 여러 가지 축제 행사를 벌인다. 신을 위로하는 한편 주민들 간의 화목도 다지는 자리이다. 강릉단오제에 수반되는 각종 행사들은 우리 민속의 원형을 잘 보존하고 있어서 문화사적으로도 중요하다는 평가를 받는다.

강릉단오제는 신주빚기로 시작해 대관령 산신제, 대관령국사성황제, 구산서낭제, 학산서낭제, 봉안제, 영신제, 영신행차, 조전제, 단오굿, 관노가면극, 송신제 등으로 이어진다. 축제와 함께 벌어지는 민속놀이로는 그네, 씨름, 줄다리기, 투호 등이 있다.

대관령국사성황신과 대관령국사여성황신을 모셔놓았으니 신을 위로하는 잔치마당이 당연히 펼쳐지게 마련이다. 관노가면극은 단오 때 대성황사에서 연희되던 서낭계 탈놀이다. 춤과 동작이 위주가 된 무언극으로서는 우리나라에서 유일하다. 전문놀이꾼인

광대가 아닌 관노들에 의해 연희되는 터라 전문성과 기교, 세련미는 떨어지지만, 민관이 공동으로 참여한다는 의미를 지니고 있어서 신분의 귀천을 초월하여 어울리는 마당이 펼쳐진다.

지역사람들의 풍요와 안녕, 벽사진경辟邪進慶을 목적으로 하는 관노가면극의 등장 인물은 모두 6명이다. 양반광대 1명, 소매각시 1명, 시시딱딱이 2명, 장자마리 2명이 그 등장인물이고, 이 외에 악기(꽹과리, 북, 장구, 징)를 다루는 악사가 10여 명이 된다.

〈관노가면극〉

대관령국사성황신과 대관령국사여성황신을 모셔놓고 치르는 종교의례인 단오굿은 강릉단오제의 핵심이 되는 중요한 행사다. 굿은 단순히 오락과 여가로서의 기능만 갖는 것이 아니다. 성황신을 통해 사람들마다 가지고 있는 개인적인 문제와 지역 주민들의 안 녕과 풍요, 번영이라는 공동체의 문제를 해결하고자 하는 신앙적 발상에서 비롯한 것이 다. 강릉단오굿은 그 형식과 내용이 잘 갖춰져 있기로 전국에서도 손꼽는다.

강릉단오제는 독특하면서도 다양한 매력을 가지고 있다. 하지만 근대 이전 우리나라 곳곳에서 이런 행사가 있었을 것임은 그리 어렵지 않게 상상할 수 있다. 다른 전통행사 와 축제들이 사라진 현대에 와서도 유독 강릉단오제가 오랫동안 전통의 모습을 잃지 않 고 그 생명력을 온전하게 이어온 요인에 대해 혹자는 강릉단오제의 난전에서 그 비밀을

〈단오굿〉

찾는다.

난전은 비지정 장소에서 비정기적으로 열리는 시장을 말하는데 강릉단오제에서 가장 중요한 요소를 이루고 있다. 단오제가 오랜 세월 동안 주민들에게 사랑을 받아온 것은 열린 공간인 난전 덕분이다. 난전은 특정계층을 위한 닫힌 공간이 아니라 사회적인 신분, 성별, 나이를 초월한 공간이다.

〈난전〉

축제는 제사를 지내는 제단과 한바탕 먹고 마시며 노는 난장판(난전)이라는 이중구조로 이뤄져 있다. 제단의 중요성은 일찍부터 인식되어 왔지만 난장판의 중요성은 도외시 되어온 것이 사실이다. 그러나 강릉단오제에서 난전을 도외시하고는 단오의 본질에 접근하기 어렵다. 단오제에 많은 인파가 몰리는 것은 난전이 가진 엄청난 흡인력 덕분이다. 난장판은 흔히 쓰이는 말 그대로의 난장판이 아니라 그 나름의 규칙과 질서가 있다. 난전은 물건을 사고파는 공간이고, 만나서 마시고 대화하는 사귐의 공간이기도 하다. 열린 공간으로서 사람들이 만나서 마시고 대화하는 사귐의 기능과 물건을 사고파는 경제적 기능도 공유하고 있기 때문에 특유의 생명력을 유지하는 것이다.

〈단오장 전경〉

3.

강릉단오제
제의 대상

가. 대관령산신

1) 유래

김유신 장군이 강릉에 파견된 것은 무열왕 5년(658)에 이르러 하슬라 지역이 말갈과 이웃하게 됨에 따라 백성들의 불안한 상태가 계속되자 북소경北小京을 폐지하고 군사적인 성격을 지닌 주州체제로 환원하여 하서주河西州를 설치하였을 무렵이라 여겨진다.

강릉의 향토지 『동호승람』에 의하면, "김유신은 무열왕 8년(661)에 말갈을 북쪽으로 쫓아내라는 왕명에 따라 이를 정복하기 위해 명주에 와 화부산 아래에 주둔하였는데, 오대산에서 말타는 훈련을 하고 팔송정(지금의 송정)에서 토벌계획을 도모하였다. 이에 (말갈)적이 모두 두려워 도망가니 사방의 백성들이 그를 의지하고 따랐다."고 한다. 강릉에서 김유신은 죽은 후에 대관령 산신으로 모셔지게 된다. 그를 산신으로 모신 것은 이곳을 계속 지켜주기를 바라는 염원에서 기인했다고 생각된다. 선조 36년(1603)에 강릉 출신 허균은 강릉단오제에서 제사를 받는 대상이 김유신 장군이라고 하였다. 허균은 신이 영험하여 해마다 5월이면 대관령에 가서 신을 맞이하여 즐겁게 해 준다고 하였고, 신이 즐거우면 풍년이 들고 신이 노하면 반드시 천재지변을 주어 명주(강릉) 사람들이 모두 모여 노래하며 서로 경사스러운 일에 참여하여 춤을 추었다고 한다.

2) 대관령산신당

산신당(지방기념물 제54호)은 신라 장군 김유신을 모신 사당으로 평창군 대관령면 횡계리 대관령 서쪽 줄기에 있다. 이곳이 강릉단오제와 밀접한 관련이 있으면서 행정구역이 평창군인 것은 조선시대에는 강릉대도호부에 속하여 강릉이었으나 1906년 구한말에 행정구역을 개편할 때 정선군으로 이관하였다가 일제 강점기인 1931년에 정선군에서 평창군으로 바뀌었기 때문이다.

산신당은 대관령국사성황사의 북동쪽 방향으로 20m 정도의 거리를 두고 있는데, 단 칸 맞배지붕으로 되어있다. 정면에 여닫이 창호문이 있고 그 위에 '산신당山神堂'이란 현 판이 붙어있다. 앞쪽의 좌·우 기둥에는 '응천상지삼광應天上之三光-하늘의 삼광(해, 달, 별)을 응했고'과 '강인간지오복降人間之五福-인간의 오복을 내려준다'이라고 쓰여 있다. 내부는 약 0.93평 정도로 정면에 1m 정도 높이의 제단이 있고 '대관령산신지신위大關嶺 山神之神位'라고 쓰인 위패와 향로, 촉대가 놓여있다. 정면 벽에 산신도가 걸려있다.

〈대관령산신당〉

나. 대관령국사성황신

1) 유래

범일의 출신에 대해서는 『조당집祖堂集』권17, 명주굴산고통효대사溟州崛山故通曉大 師에 자세히 기록되어 있다. 『조당집』은 석가모니불을 비롯한 과거 7불로부터 당말오대 唐末五代까지의 선사禪師 253명의 행적과 법어·게송·선문답을 담고 있다. 이 책은 952년 남당南唐 천주泉州(현재 복건성 소재) 초경사招慶寺에 머물던 선승禪僧 정靜과 균筠이 편찬 하였다. 중국에서는 이 책이 100여 년이 지나 유실되었으나, 다행히도 1912년 일본인 학 자 오노 겐묘小野玄妙와 세키노 다다시關野貞 등이 합천 해인사에서 8만대장경의 판본을 조사하던 중에 발견하여 세상에 알려졌다.

『조당집』에는 범일국사의 전기가 실려 있어 우리에게 많은 정보를 제공해준다. 이에 의하면, 범일의 할아버지 김술원金述元은 계림의 진골귀족으로 명주도독을 지냈으며, 그의 어머니 문씨文氏는 강릉의 세거호문世居豪門 출신이었다고 한다. 즉, 범일의 아버지는 명주도독 김술원의 아들이고, 어머니는 명주 토착세력의 딸이다. 범일의 아버지에 대해 특별히 알려지지 않은 이유는 자세히 알 수 없지만, 아마 지방세력으로 고착되었기 때문이라 본다.

『조당집』에는 "범일의 어머니가 해를 어루만지는 상서로운 꿈을 꾸고 잉태한 지 13개월 만에 (범일을) 낳았는데, 곱슬머리의 특이한 자태와 정수리가 진주모양을 한 기이한 얼굴상이었다"고 하여 그의 출생과 신체적 특이성이 기록되어 있다. 그러나 강릉지방의 향토지인 『임영지』(전지)에는 "굴산崛山의 양가 처녀가 석천石泉의 우물가에서 빨래를 하던 중 햇빛이 뱃속을 비추자 돌연히 산기産氣가 있어 옥동자를 낳았는데, 그가 곧 범일이라 하였다"는 내용이 전해진다. 범일의 출생과 관계있는 돌우물石泉과 학바위鶴岩는 지금도 강릉시 구정면 학산리에 남아 있다.

범일은 원성왕 16년(824) 15세 때 출가하여 5여년 동안 입산수도하였다. 그가 출가한 곳이 어디인지는 정확하지 않으나, 아마 강릉 부근의 사찰이었을 것이라 생각된다. 당시 낙산사에는 범일이 의상義湘(625~702)의 문인이라는 설이 유포되고 있었다. 이에 대해 일연은 『삼국유사』의 세주細註에서 "범일은 의상의 문인이라 하나 잘못된 것"이라 주장하였다. 625년에 태어난 의상과 810년에 태어난 범일은 185세의 나이 차이가 나므로, 일연의 주장처럼 범일은 의상의 문인이 아니다. 그러나 이러한 설이 유포된 것은 나름의 이유가 있을 것으로 생각된다. 이는 범일이 출가 후 한때 이곳 낙산사에 머물면서 의상계 화엄학을 수학하였고, 의상의 영향 아래 있던 지방 불교세력을 사굴산문으로 개창하면서 흡수하였기 때문에 생겨난 것으로 보인다.

범일이 후일 주지로 있었던 사굴산문의 본산은 굴산사였지만, 춘천의 건자암建子庵을 비롯하여 봉화의 태자사太子寺, 오대산의 월정사, 양양의 낙산사, 동해의 삼화사 등에도 그 세력이 미치고 있었다. 즉, 사굴산문은 강릉을 중심으로 하는 영동지역뿐만 아니라 영서지역과 경상도 지역까지 세력이 미쳤던 것이다. 이에 낙산사에도 사굴산문의 세력이 부식되어 갔을 것이며, 이 과정에서 의상의 화엄종 계열과의 관계를 염두에 둔 범일 제자들에 의해 "범일이 의상의 문인"이라는 설이 유포되었을 가능성이 있다. 또 그의 십성제자十聖弟子 중의 한 사람인 두타승頭陀僧 신의信義는 자장慈藏과 신효거사信孝居士가 거처하였던 오대산 월정사에 머물렀다. 이 때문에 범일과 그 문인들은 오대산을 중심으로 한 자장계의 화엄 및 의상계의 화엄사상, 문수신앙을 선사상에 수용한 것으로 보기도 한다.

범일은 20세 때 경주에 이르러 구족계具足戒[1]를 받고 수도생활에 전념하여 상당히 촉망받고 있었다. 그가 경주 불교계로부터 인정받을 수 있었던 것은 "청정한 행을 두루 닦아 부지런하고도 더욱 힘썼기淨行圓備 精勤更勵" 때문이라고 한다. 범일은 흥덕왕 6년(831) 신라 왕자 김의종金義琮과 함께 입당한 것으로 전해진다. 범일이 입당한 동기는 중국에 들어가서 구법하기 위한 것이었다. 그가 중국행을 택하게 된 것은 흥덕왕대의 시대적 분위기가 크게 작용하였을 것이다. 흥덕왕대를 전후해서는 많은 선승들이 중국에 입당 유학하거나 귀국하고 있었다.

중국에 도착한 범일은 마조도일馬祖道一의 제자인 제안대사齊安大師를 찾아뵙고 뛰어난 선문답으로 '동방보살東方菩薩'이라는 극찬을 받았다. 범일이 "어떻게 해야 성불할 수 있습니까?"라고 질문했을 때, 제안은 "도는 닦을 것이 아니요 단지 오염되지 않도록 하라. 부처라든지 보살이라든지 하는 소견을 가지지 말라. 평상시의 마음이 도이다"라고 대답했다. 범일은 이 말에 크게 깨닫고 그를 6년 동안 섬겼다. 또 약산藥山을 찾아뵙고 질문하니 "훌륭하다, 훌륭하다. 밖에서 불어온 맑은 바람이 사람을 얼려 죽이는구나!"라는 감탄을 받기도 하였다.

범일은 장안에 들렀다가 문성왕 7년(845) 당나라 무종武宗에 의한 폐불사태를 목격한다. 이에 대해 『조당집』에는 "중들은 흩어지고 절은 무너져서 동서로 모두 달아나고 불안한 몸을 숨길 곳도 없어 한탄만 하였다"고 전한다. 이러한 상황에서 범일은 난을 피

---

1   구족계는 정식 비구 또는 비구니가 되기 위해 비구는 250계, 비구니는 500계를 받는데 그것을 받으면 정식으로 교단에 들어간 것을 의미하게 된다.

해 상산商山에 숨어 지내다가 나중에 소주蘇州의 조계사에 가서 혜능慧能의 탑에 참배했다.

범일은 소주를 떠나 문성왕 9년(647)에 귀국한다. 이에 대해 『조당집』에서는 "자신이 체득한 불법을 널리 펴기 위해서 였다弘宣佛法"고 전한다. 16년 만에 귀국한 범일은 경주에 3여 년 동안 머물다가 문성왕 11년(651) 정월에 백달산白達山에 주석하고 있을 때, 명주도독 김공金公이 굴산사 주지로 청하자 명주(강릉)로 오게 된다. 명주는 범일의 출신지이자 외가였으며, 그의 할아버지가 명주도독을 지낸 곳이었다는 점을 감안한다면 그의 연고지라고도 할 수 있다.

범일은 굴산사에서 40여 년을 전법과 교화, 제자 양성에 전념하였다. 이에 대해 『조당집』에는 "한번 숲 속에 앉은 뒤로는 40여 년 동안 줄지은 소나무로 도를 행하는 행랑을 삼고, 평평한 돌로써 좌선하는 자리를 삼았다"고 전한다. 그 동안 경문왕·헌강왕·정강왕이 연이어 범일을 경주로 초청했으나 부름에 응하지 않았다. 아마 명주지역에서 정신적인 지도자로 활동하고 있던 범일을 불러들여 이 지역의 세력을 회유하고자 하였던 것으로 짐작된다. 범일은 임종 직전에 "내 이제 영결하고자 하니 세속의 부질없는 정분으로 어지러이 상심하지 말 것이며, 모름지기 스스로의 마음을 지켜 큰 뜻을 깨뜨리지 말라"고 당부한 뒤 진성여왕 3년(889) 5월 1일 굴산사 상방上方에서 입적入寂하였다. 이 때 국사의 나이는 80세였고 승랍僧臘은 60세였다. 범일은 사후에 강릉지역에서 신적인 존재로 '대관령국사성황신'으로 봉안되었다.[2]

범일국사는 굴산사에서 자리하면서 신라 구산선문의 일파인 사굴산파闍崛山派 혹은 굴산파崛山派를 개창하였다. 사굴산파는 범일국사를 개조開祖로 하고, 굴산사를 중심도량인 선문禪門으로 하여 범일국사의 선학이념을 영동지역 전역으로 전파시켰다. 범일국사 입적 후 국사의 법통은 사굴산문의 제자들에 의해 확장되었고, 고려시대에 이르러 보조국사 지눌에게 계승되어 조계종曹溪宗의 원류로서 오늘날까지 전해지고 있다.

범일국사는 사후 강릉을 비롯한 영동지역의 수호신인 대관령국사성황신으로 모셔지

---

2   박도식, 앞의 논문.

게 되었고, 이후 대한민국 최대의 전통문화 축제이자 유네스코 인류무형문화유산으로 선정된 강릉단오제의 주신으로 오늘날까지 주민들에 의해 숭상되고 있다.

2) 대관령국사성황사

대관령국사성황사(지방기념물 제54호)는 평창군 대관령면 횡계리에 있는데 산신당 옆에 있다. 국사성황사는 1984년에 지방기념물로 지정되었고, 건평 15㎡의 3칸 맞배지붕 집이다. 정면에 좌우로 여닫이문이 있고, 그 위에 '성황사城隍祠'란 현판이 있다. 문을 열고 들어가면 전면에 60cm 높이의 제단이 있고 '대관령국사성황지신위大關嶺國師城隍之神位' 위패와 촉대, 향로가 놓여있다. 벽면에는 좌우로 호랑이의 호위를 받으면서 활을 들고 백마를 탄 국사성황신도가 걸려 있다.

  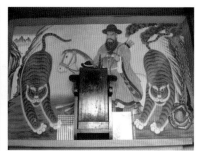

〈대관령국사성황사〉

다. 대관령국사여성황신

1) 유래

대관령국사여성황신이 된 정씨녀는 숙종 때 사람인 초계정씨 경방과 완주(完柱, 21세손)의 외동딸로 대원군 때 동래부사를 지낸 정현덕鄭顯德의 5대조 고모가 된다. 대관령국사여성황신이 정씨가의 딸로 밝혀진 것은 1966년의 『강릉단오제 무형문화재 지정조사보고서』이다. 이 보고서에는 다음과 같은 내용이 실려 있다.

지금으로부터 약 300년 전에 정씨녀는 창원인 황수징黃壽徵과 혼례를 치른 후 시댁이 멀리 있어 알묘를 하지 못한 채 친정 경방經方에 머물고 있었다. 하루는 꿈에 대관령성황신이 나타나 내가 이 집에 장가를 오겠노라고 청했다. 그러나 정씨네에서는 사람이 아닌 성황신을 사위로는 삼을 수 없다고 그냥 돌려보냈다. 그런 후 어느 날 정씨녀가 남치마를 입고 툇마루에 앉아 있는데 호랑이가 와서 업고 달아나 버리고 말았다. 정씨녀를 업고 간 호랑이는 대관령국사성황신이 보낸 사자로서 그 처녀를 모셔오라고 분부를 받고 왔던 것이다. 대관령국사성황신은 그 정씨녀를 데려다가 자기의 처로 삼았던 것이다. 딸을 잃어버린 정씨네에서는 큰 난리가 났으며, 마을 사람이 호랑이가 물고 간 것을 얘기하여 알게 되었다. 이에 가족들이 대관령국사성황사를 찾아가 보니 이미 정씨녀는 시신이 되어 있었다. 시신을 수습하여 친정어머니인 안동 권씨 산소 앞에 안장했는데, 지금도 정씨녀의 묘가 강릉교도소 서쪽 산 능선(맴소)에 있다. 호랑이가 처녀를 데려다 혼배한 날이 음력 4월 15일이어서 이 날에 제사를 지낸다. 비록 시기가 정확하지 않으나 정씨가의 딸이 호환을 당한 이야기는 정씨 가문의 전승기록에도 나타나므로 확실한 것으로 보인다.

대관령에서 음력 4월 15일 대관령국사성황신을 모시고 내려오면 단오제가 열리는 날까지 약 보름 동안 이곳 대관령국사여성황사에 신목과 위패를 함께 모셨다가 음력 5월 3일에 남대천으로 모셔 다음날부터 조전제朝奠祭를 지낸다. 대관령국사성황신을 모셔가는 날에도 대관령국사여성황사에서 제사를 지내는데 의례절차는 대관령국사성황제와 동일하고 제물 진설도 대관령국사성황제와 다르지 않은데 합제 축문만 다르다.

2) 대관령국사여성황사

대관령국사여성황사는 대관령국사여성황인 정씨가 여인을 모신 성황사이다. 조선시대 읍치서낭제 때는 서낭거리(현 강릉의료원에서 남문동 농방골목으로 가는 길)에 있었으나 1936년 병자년 포락으로 떠내려간 다음 1953년에 당시 동원여객에 근무하던 이성모가 꿈에 국사여성황을 현몽하고 홍제동 111번지에다 지었다고 한다.

그 후부터 2009년 강릉단오제 때까지 봉안제, 영신제가 거행되었고, 2009년 11월 27일에 남대천 남쪽 가 옛 홍제1취수장터(홍제동 776-3)로 옮겼다. 건물은 맞배 기와지붕으로 앞면 3칸이다. 대관령국사여성황사는 강릉단오제 때 봉안제와 영신제를 행하는 곳이다. 봉안제는 4월 15일 국사성황을 국사여성황사에 모시는 제례이고, 영신제는 음력 5월 3일 국사성황과 국사여성황을 단오터에 있는 임시제단으로 모시고 가기 위한 제례다.

여성황사 건물에 '대관령국사여성황사'란 현판이 걸려 있고, 성황사 안에는 탱화가 있는데 처녀가 노랑저고리에 붉은 치마를 입고, 댕기를 매고 단정하게 앉아있고 그 주위에는 호랑이가 호위를 하고 있다.

〈대관령국사여성황사〉

라. 대성황사

대성황사는 강릉부 읍성 안 용강동(KBS강릉방송국과 옛 강원지방기상청 터)에 있었으나 지금은 없어졌다.

옛 강릉 읍성 안에 있던 대성황사는 읍치서낭제인 팔단오의 중심 무대로 산신계통의 신, 지모신 계통의 신, 장군신 계통의 신, 서낭신 계통의 신 등 다양한 신들(12지신)이 모셔졌는데 이들 신들은 대부분 강릉지역과 관련이 있는 인물들이다. 여기에 모셔진 신들은 실존 인물이 신격화되어 모셔졌는데 음력 4월 15일 대관령에서 산신제를 지내고 대관령국사성황을 모시고 와서 이곳에 봉안했다.

대관령산신제 때 대관령국사성황을 모시고 대관령을 떠나 반쟁이, 제민원, 굴면이, 구산, 금산을 거쳐 읍성에 들어와 읍성 안에 있는 소서낭을 거쳐 대성황사에 온다. 제관과 주민들은 자정이 되면 각자 집으로 돌아가는데 이 때부터 강릉 읍성 안은 축제의 분위기에 쌓이게 된다고 한다. 4월 15일 대관령국사성황을 모셔놓고 단오 때까지 호장·부사색·수노·성황직·무격들이 제사를 지내고 굿을 하고, 관노가면극을 하며 놀았다.

1933년에 나온 『증수임영지』에 보면 대성황사는 '강릉부 서쪽 백보 되는 곳에 있다. 송악산지신松岳山之神·태백대왕신太白大王神·남산당제형태상지신南山堂帝形太上之神·감악산대왕지신紺岳山大王之神·성황당덕자모지신城隍堂德慈母之神·신무당성황신神武堂城隍神·김유신지신金庾信之神·이사부지신異斯夫之神·초당리부인지신草堂里夫人之神·서산송계부인지신西山松桂夫人之神·연화부인지신蓮花夫人之神·범일국사지신泛日國師之神들을 모셨으나 지금은 없어졌다.' 고 기록되어 있다.

구한말까지 이 곳 읍성 안 대성황사에서 강릉단오제 때 많은 사람들이 모여 대관령국사성황과 대관령국사여성황을 모셔놓고 한 해의 생업인 농사와 고기잡이에 풍년과 풍어가 들길 기원했고, 또 가정의 안녕과 가족의 건강을 기원하며 즐겁게 놀았는데 일제강점기 때(1909년) 일제는 축제의 중심공간이었던 대성황사를 훼철하고 그곳에서 진행되던 강릉단오제를 금지하였다. 이러한 사실은 강릉 출신의 한학자였던 심일수沈一洙의 『돈호유고遯湖遺稿』에 "5월 단오에 무격巫覡이 대관령국사성황신을 맞이하는 놀이를 일본인이 금지하여 비로소 폐지되었다"고 한 것이라든지, 1911년 김씨 부인이 남편과 함께 서울을 다녀온 후에 남긴 기록인 『셔유록』에 "매년 4월 초팔일에 강릉읍 남천 물가에 성황을 모실 때, 그날 저녁 풍악소리와 횃불 빛은 일대 장관이더니, 수년간에는 완전히 폐지하였다"고 한 것에서 확인할 수 있다. 일제는 침략이 시작되자마자 우리 민족의 기층 신앙에 대한 탄압을 제일 먼저 서두른 것이다. 그곳에 일제의 침략을 정당화하기 위한 책략의 일환으로 신사 건립을 하게 되었음을 알 수 있게 해 주는 대목이다.

대성황사처럼 많은 신을 모시는 것은 한국 신앙의 특징인 다신적多神的 신앙의 체계라 할 수 있다. 또 여러 신이 보호해 주는 복 받는 지역으로서 무속적 경향이 짙은 강릉의 특색으로도 이해될 수 있다.

마. 약국서낭

약국서낭은 임당동 말루 서쪽 능선(현 용강동 서부시장 동쪽으로 대한성결교회 강릉교회가 들어선 자리)에 있었으나 지금은 없어졌는데 언제 없어졌는지는 확실하지 않다. 이곳은 용의 허리가 지나가는 강릉의 명당자리로 전해지고 있다. 약국서낭은 질병을 관장하는 신을 모신 서낭으로 매년 음력 5월 5일 대성황사에서 대제를 지내고, 대창리서낭사에 가기 전에 들려 제례를 지냈다.

약국藥局이라는 명칭은 불교의 경전인 『법화경法華經』에 나오는 25보살의 하나인 약왕보살藥王菩薩과 관련이 있는 듯하다. 그리고 사찰의 여래불 가운데 중생의 모든 고뇌를 구제하여 재난災難을 없애고 질병을 구제하는 약사유리광여래부처를 모시는 약사당藥師堂에서 유래된 이름인 듯하다. 그래서 약국서낭당에 기원하면 질병이 바로 치유된다는 속설俗說도 있다.

강릉단오제 때 화개를 앞세우고 대성황사를 출발하여 약국서낭, 소서낭을 거쳐 시장, 전세청, 대동청, 사창청에서 굿을 하고 화개는 여성황에 신간神竿은 대성황사에 봉안한다고 하였다.

바. 대창리서낭

1) 소素서낭사

소서낭사는 대창리(옥천동 동부시장 인근으로 육서낭사와 같이 있었음)에 있었으나 지금은 없어졌다. 없어진 정확한 내용은 알 수 없으나 일제 강점기 때 도로를 내면서 없어졌다고 한다.

소서낭사는 수양대군(세조)의 왕위쟁탈을 거부한 생육신인 매월당 김시습을 모신 서낭이다. 음력 5월 5일 단오날에 대성황사에서 제례를 지내고 제관들이 괫대를 앞세우고 시내를 돌 때 이곳에 들러 제례를 드렸다고 한다. 소서낭사에는 제물로 육고기를 쓰지 않는 것이 특이한데, 이는 이곳에 모신 김시습이 한 때 승려 생활을 했기 때문이다. 출가한 승려는 고기를 먹지 않는다는데 연유한 것이다.

그는 신라 무열왕의 6세손인 명주군왕 김주원(강릉 김씨의 시조)의 23세 손이고, 부령한신漢臣의 현손, 일성日省의 아들로 세종 16년(1434)에 태어나서 성종 24년(1493)에 59살의 나이로 세상을 떠났는데 죽은 다음 정조 6년(1782)에 이조판서에 추징되고, 정조 8년에 시호를 '청간淸簡'이라 하였다. 자는 열경悅卿, 호는 매월당梅月堂·동봉東峰·벽산청은碧山淸隱·췌세옹贅世翁 등이며, 법호는 설잠雪岑이다. 생후 8개월에 글 뜻을 알았고 3세에 능히 글을 지을 정도로 천재적인 재질을 타고 났다. 5세에는 세종의 총애를 받았으며, 후일 중용하리란 약속과 함께 비단을 하사받기도 했다. 나아가 당시의 석학인 이계전李季甸·김반金泮·윤상尹祥에게서 수학하여 유교적 소양을 쌓기도 했다. 그의 이름인 시습時習은 『논어論語』 학이편學而篇 중 "때로 익히면 즐겁지 아니한가"라는 구절에서 따온 것이라고 한다. 과거준비로 삼각산 중흥사中興寺에서 수학하던 21세 때 수양대군이 단종을 몰아내고 대권을 잡은 소식을 듣자 그 길로 삭발하고 중이 되어 방랑의 길을 떠났다. 그는 관서·관동·삼남지방을 두루 돌아다니면서 백성들의 삶을 직접 체험했는데, 『매월당시사유록每月堂詩四遊錄』에 그때의 시편들이 수록되어 있다. 31세 되던 세조 11년(1465) 봄에 경주 남산 금오산에서 성리학과 불교에 대해서 연구하는 한편, 최초의 한문소설 『금오신화金鰲新話』를 지었던 것으로 보인다. 37세에 서울 성동城東에서 농사를 직접 짓고 환속하는 한편 결혼도 했다. 한때 벼슬길로 나아갈 의도를 갖기도 했으나 현실의 모순에 불만을 품고 다시 관동지방으로 은둔, 방랑을 하다가 성종 24년(1493) 충청도 홍산鴻山 무량사無量寺에서 59세를 일기로 일생을 마쳤다. 정조 6년(1782)에 이조판서에 추증되고, 동왕 8년에 청간淸簡이란 시호를 받았다.

그 후 순조 28년(1828)부터 후손들이 강릉시 성산면 보광리 삼왕동 명주군왕 능소 앞에 매월당의 영정을 모신 청간사에서 매년 춘분에 제례를 올린다. 그는 이곳 청간사뿐만 아니라 강릉의 창덕사, 경기도 양주의 청절서원, 충남 홍산의 청일서원, 경남 함안의 서산서원, 강원도 영월의 창절서원, 경북 울진의 구암사, 경북 경주의 매월당 영당, 강원도 춘천의 춘수영당에도 모셔져 있다.

매월당 김시습이 죽은 다음 신으로 추앙되는 것은 그가 이 지역의 대성인 강릉김씨이고, 세조의 왕위찬탈이란 부도덕한 행위에 누구보다 통분했고 또 불우한 시대에 살면서 자신의 영달을 위해 시대와 타협을 하지 않은 올곧은 선비정신을 지향하며 파란만장한 생을 살았던 인물이었기 때문이다.

2) 육肉서낭사

육서낭사는 대창리에 소서낭사와 같이 있었으나 소서낭사와 같이 없어졌다. 육서낭사가 있던 대창리는 지금의 옥천동 지역인데, 신라 중엽 이곳에 대창사란 사찰이 있었다고 한다. 지금도 대창리 당간지주가 남아 있다.

육서낭사는 예濊나라의 용사인 창해역사를 모신 서낭으로 음력 5월 5일 단오날에 소서낭사 제례와 같이 지냈다. 창해역사는 얼굴빛이 거무스름하여 여용사라고 하고, 또 강릉이 예나라의 도읍지여서 예용사瀛勇士라고도 한다.

창해역사의 출생담은 이 지방에서 구전되어 오는 이야기와 조선조 효종 때 홍만종洪萬宗(1643~1725)이 지은『순오지旬五志』에 전한다.

> 옛날 옥거리에 살던 할머니가 냇가에 빨래를 하러 갔다가 고지박이 물에 떠내려
> 오길래 그것을 주워 집으로 가져왔다. 집에 와서 보니 고지박 속에 알이 하나 있
> 었다. 며칠이 지나고 나니 알에서 어린아이가 나왔는데 얼굴이 검었다. 아이의
> 나이가 6, 7세가 되자 키가 8척이나 되었고 얼굴빛은 거무스름하여 '여黎'자를
> 성으로 하고 '여용사'라 했다. 이 때 강릉에 호랑이가 나타나 사람들을 해치니
> 피해가 막심했다. 그래서 여용사가 나타나 호랑이를 주먹으로 물리쳤다. 그후
> 나라에서 무게가 만근이나 되는 큰 종을 만들어 놓고 옮기려고 장사 수백명을
> 동원했으나 옮기지 못했다. 그래서 여용사가 달려가 한숨에 번쩍 들어 옮겨 놓
> 았다. 임금이 이 광경을 보고 항상 자기 곁에 두고 상객으로 대우해 주었다고 한
> 다. 그런 힘이 세다는 사실이 중국까지 알려져 장자방(장량)이 그를 초빙했다. 장
> 자방은 창해역사를 모셔와 진시왕을 없애려 했다. 진시왕이 수레를 타고 지나갈
> 때 창해역사는 120근이나 되는 철퇴를 들고 진시왕이 탄 수레를 쳤으나 잘못하
> 여 다른 수레를 쳤다. 그 바람에 진시왕을 죽이지 못하고 쫓기게 되었다고 한다.

창해역사가 알에서 태어난 점, 비범한 힘을 가진 장사라는 점, 용맹성이 중국까지 알려져 장자방의 초대를 받았다는 점은 신화적인 구조를 가진 설화이다. 이런 신화적 요소를 가진 창해역사는 맨손으로 호랑이를 물리친 장사이자 힘이 센 장군으로서 사후에는 질병과 재앙을 물리치고 호환을 예방해 주는 마을신으로 모셔졌다.

육서낭사는 강릉 읍성 동쪽에 있고 남대천 물줄기가 지나갔다고 하는데 지금 동부시장 옆 옛 여성회관 뜰에 '창해역사 유허비'가 있다.

사. 굴산사지崛山寺址(사적 제448호)

　　굴산사터는 강릉시 구정면 학산리에 있다. 이 절이 언제 창건되었는지는 분명하지 않다. 『삼국유사』에는 "범일이 문성왕 9년(847)에 중국에서 귀국하여 먼저 굴산사를 창건하고 전교하였다"고 하였으나, 『조당집祖堂集』에는 "명주도독 김공金公이 거듭 굴산사에 주지住持하기를 청하였다"라고 한 것으로 보아 범일이 주지하기 이전부터 이미 굴산사가 창건되어 있었다. 굴산사는 범일 이전에 창건되어 있었지만 범일이 주석하면서부터 거대한 산문으로 발전하였다.

　　굴산사는 사굴산문의 본산으로 강릉사회의 정신계를 지배한 사찰이었다. 절의 반경은 300여m에 이르고 수도하는 승려만 200여 명이나 되었다고 하는데, 이때 쌀 씻은 뜨물이 섬석천을 지나 남항진 앞바다까지 흘렀다고 한다. 또한 절에 딸렸던 굴산사 당간지주의 규모를 보면 당시 굴산사의 규모가 얼마나 웅장했던가를 알 수 있다.

　　그렇게 웅장하던 굴산사가 얼마 동안 존속하였는지는 확실치 않다. 고려 때 강릉지역은 많은 외침과 초적의 침입을 받았다. 가령 현종 20년(1029)에는 동여진의 침입을 받은 적이 있었고, 고종 4년(1217)에는 제천 박달재에서 패배한 거란군이 평창을 거쳐 대관령

〈굴산사지 발굴현장〉

을 넘어 강릉에 쳐들어와 약탈을 자행하였다. 『임영지』에 의하면, 당시 강릉에 쳐들어온 거란군은 수개월에 걸쳐 인민을 대량 학살하였을 뿐만 아니라 가축 도살과 가옥을 소각하는 등 온갖 만행을 저질렀다고 한다. 명종 24년(1194) 2월에는 초적 김사미金沙彌 무리가 침입하였고, 신종 2년(1199)에는 도적이 명주에서 일어나 삼척·울진현을 함락한 후 경주에서 일어난 도적과 합세하여 주군州郡을 침략하기도 하였다.

이러한 와중에도 굴산사의 명맥은 유지되었던 것으로 보인다. 이러한 사실은 공민왕 2년(1353)에 굴산사 주지 혜식惠湜이 『전등록傳燈錄』 발간에 참여하고 있는 것에서 확인된다. 그러나 조선초기에 편찬된 『동국여지승람』(1481)에는 굴산사에 대한 기록이 없고, 단지 제영조題詠條에 김극기의 시 「굴산종崛山鐘」만 기록되어 있다. 이를 통해서 볼 때 굴산사는 고려말 조선초의 역사적 전환기에 폐사된 것으로 보인다.

아. 대창역

대창역은 대창리 현 강릉역 부근에 있던 조선 시대의 역이다. 이곳에 있는 말을 읍치 서낭제 때인 음력 4월 14일 저녁에 헌관들(호장·부사색·수노)과 무격들이 빌려 타고 대관령으로 산신제를 지내러 갔다고 한다. 조선시대 대창역에서 서쪽으로는 성산면 구산리에 있는 구산역, 남쪽으로는 강동면 안인리에 있는 안인역, 북쪽으로는 연곡면 동덕리에 있는 동덕역으로 다녔다.

자. 학산리 범일국사의 생가 터

강릉 향언鄕言(전해오는 말)에 '살아서는 모산과 학산에서 살고, 죽어서는 성산주령에

묻힌다. 생거모학산生居茅鶴山이요, 사거성산지死去城山地'라는 말이 있을 정도로 옛부터 학산은 살기 좋은 고을이었다. 이 고을은 대관령국사성황신인 범일이 태어나 자란 곳이고, 승려가 된 다음에는 포교활동을 하며 머물었던 굴산사지가 있다.

1) 석천石泉

학산리 재궁골에 있는 샘으로 학산의 처녀가 햇빛이 비친 물을 먹고 범일을 잉태한 신비스런 샘이다. 2002년 루사 태풍 때 쓸려갔고, 현 우물은 새로 만들었다.

〈석천〉

2) 학바위

학산리 재궁골 석천 뒤 산 속에 있는 바위로 갓 태어난 범일이 버려진 곳이다. 범일이 이 바위 밑에서 학의 보호를 받고 연명하다가 가족에 의해 집으로 돌아왔다고 한다.

〈학바위〉

3) 재궁말 서낭

학산리 재궁말에 있는 서낭이다. 음력 4월 15일 대관령산신제 때 대관령국사성황을 모시고 제례를 올린다. 제례를 올린 다음 대관령국사성황을 모시고, 홍제동에 있는 대관령국사여성황사로 간다.

차. 정씨가 여인의 생가 터

정씨가 여인 생가터는 남문동 경방(중부지방고용노동청 강릉지청 옆)에 있다. 대관령국사여성황인 정씨가 여인이 살던 곳으로 그녀는 호랑이에게 붙잡혀가서 국사성황과 혼배를 하고, 대관령국사여성황신이 되었다. 음력 5월 3일 대관령국사여성황사에서 영신제를 지내고 대관령국사성황과 대관령국사여성황을 단오터 임시제단으로 모시고 갈 때 잠시 들린다.

예전에는 초계 정씨가 살았으나 구한 말 현 주인인 최씨의 5대조가 이사를 왔다. 흔히 이 집을 정현덕 집이라 하는데, 정현덕은 1850년 증광문과에 급제하여 고종 때 서장관으로 청나라에 다녀왔고, 동래부사를 했다. 대원군의 측근으로 대원군이 실각하자 유배되었다가 대원군이 재집권을 하고 복위되어 형조판서가 되었다. 그 후 다시 대원군이 실각하자 유배를 가서 죽었다. 대관령국사여성황인 정씨가 여인은 그의 5대조 고모가 된다.

〈대관령국사여성황 생가 터〉

카. 칠사당七事堂[3]

칠사당은 산신제(음력 4월 15일) 때 쓸 제주와 제의 때 쓸 제물을 준비하는 도가로 쓰

---

3 조선시대의 관공서 건물로 수령이 7가지 정사를 보았다고 한 데서 유래하였다. '수령칠사(守令七事)'는 농업의 장려(農桑盛), 호구의 증식(戶口增), 교육의 진흥(學敎興), 군정의 정비(軍政修), 부역의 균등(賦役均), 사송의 간결(詞訟簡), 향리의 부정방지(奸猾息) 등이었다. 이 건물의 건립연대는 확실치 않으나 1632년에 고쳐지었고 1726년에 크게 수리하였으며 1866년에는 진위병(鎭衛兵)의 군영으로 쓰이다가 이듬해에 화재로 타버린 것을 강릉 부사 조명하(趙命夏)가 다시 지었다. 일제강점기에는 일본의 수비대가 사용하였고, 그 후에는 강릉군수 및 강릉시장의 관사로 1958년까지 사용되었다. 지금은 음력 4월 5일 시민들의 신주미 봉정과 신주빚기를 하는 도가로 활용되고 있다.

이고 있다. 음력 4월 5일(예전에는 3월 20일)에 강릉시장으로부터 쌀·누룩·솔잎을 받아 제주를 빚어 이곳에다 둔다.

타. 제민원 서낭

제민원 서낭은 성산면 어흘리 제민원(대관령 옛길에 있는 마을) 물가에 있는데, 서낭 주위는 돌담으로 쌓여 있다. 돌담 주위에는 당목인 엄나무가 있다. 읍치서낭제 때 산신제를 지내고 읍내에 있는 대성황사로 오면서 맨 먼저 들리는 서낭이다. 그러나 지금은 들리

지 않는다. 서낭에는 서낭지신·여역지신·토지지신을 모셨다.

파. 굴면이 서낭당

굴면이 서낭당은 성산면 어흘리 굴면이(가마골과 보광리 보겡이로 갈라지는 곳에 있는 마을)에 있다. 논가 숲에 있었는데, 산신제 날 제민원 서낭에서 제례를 지내고 구산으로 가기 전에 들리는 서낭당이다.

예전에 서낭지신·토지지신·여역지신을 모시고, 매년 음력 9월 중정일에 서낭당에서 제사를 지냈으나 어느 한 해 유사 집에 우환이 생겨 미쳐 제물을 준비를 못해 제사를 지내지 못했다. 그런데 한 번 지내지 않으니 그 다음부터 서낭제를 지내지 않게 되었다.

마을 사람들이 많이 떠나가고, 당을 제대로 관리를 하지 않으니 허술하여져 없어지고, 여러 해를 지내다가 20여년전부터 서낭제를 지내지 않는다고 한다.

하. 구산서낭당

1) 안구산 서낭당(작은 서낭)

안구산 서낭당은 성산면 구산리 안구산에 있는데, 서낭당 주위에 돌담이 있고, 그 주위에는 숲이 우거졌다. 음력 4월 15일 산신제 날 제민원 서낭에서 제례를 지내고 들린다. 이 서낭은 대관령국사성황과 대관령국사여성황 사이에서 태어난 작은 아들이라고 한다. 서낭당에는 서낭지신·여역지신·토지지신·영산지신靈山之神을 모셨다. 영산지신은 구산리 영산고개에 있던 영산재靈山齋에 모셔져 있었는데, 이곳에 불이 나서 구산서낭당으로 옮겨 모시고 있다.

2) 구산 큰 서낭당

구산 큰 서낭당은 성산면 구산리 256번지(성산초등학교 위. 구산우체국 뒤)에 있었는데, 1963년 새마을운동을 하면서 없앴다고 한다. 산신제 날 시내 각 가정에서 온 횃불꾼들이 횃불을 들고 대관령국사성황을 대성황사로 모시고 가면서 영산홍가를 부른다.

전해오는 얘기에 의하면, 구산 큰 서낭당에는 대관령국사성황의 큰아들이 머물고 있었고, 안구산 작은 서낭당에는 작은 아들이 머물고 있다고 한다.

4.

헌관 및 제집사

가. 헌관 및 제집사 선정

제례를 지내는데 제관祭官의 선정은 매우 중요한 일이다. 제관은 초헌관, 아헌관, 종헌관, 집례, 대축을 지칭한다. 강릉단오제는 영동지역 전체의 축제이나 행사의 주체는 강릉이기 때문에 강릉지역에서 덕 있고 명망 있는 인사를 헌관으로 추대한다. 이 가운데 산신제는 강릉시가 시·군 통합하기 전에는 명주군수가 초헌관을 맡아오다가 통합 후에는 대관령 지역의 산림을 관리하는 동부지방산림청장이 초헌관을 맡아 지내오고 있다.

대관령국사성황제는 정조 때 편찬된 『임영지』(속지)에 "읍邑에는 각각 성황사가 있어 봄·가을에 제사를 올리는데, 강릉에는 (봄·가을에) 제사를 올리는 것 외에 특별히 다른 것이 있다. 매년 4월 15일에 본부의 호장이 무당을 거느리고 대관령 산위에 있는 한 칸의 신사神祠에 가서 고유하고 무당으로 하여금 나무에다가 신령을 구하게 한다."라는 기록이 있어 이를 바탕으로 지금까지 강릉시장이 초헌관을 맡아 오고 있다.

그밖에 강릉지역 각 기관과 단체의 장들이 소속 단체들의 안녕을 기원하기 위해 헌관으로 참여한다. 헌관으로 선정된 이들에게는 행사 보름쯤 전에 망기望記를 보내어 내용을 알린다. 강릉에서는 단오제례의 헌관에 선정되는 것을 개인적으로 상당히 영예로운 일로 여기며 특별한 사유가 없는 한 수락하는 것이 보통이다. 제집사는 강릉단오제보존회에 소속되어 있는 제례 부문 전수자들이 역할을 나누어 맡는다. 특히 제관과 집사로 임명된 사람들은 행사를 치를 때까지 몸가짐을 바로하고 부정한 일을 멀리하는 금기를 지켜야 한다. 친상을 치른 때는 3개월, 상가집에 다녀오거나 부정한 것을 본 뒤는 7일, 살생을 한 경우는 10일간 제례에 참여하지 않는다.

나. 제집사의 역할

① 집례執禮

홀기를 소리 내어 크게 낭독함으로서 제례의 전체적인 진행하는 집사, 제례의 사회자라 말할 수 있다.

② 대축大祝

신에게 고告하는 축문을 초헌관을 대신하여 낭독하는 집사이다.

③ 찬인贊引

헌관을 비롯한 모든 집사를 제례 절차에 따라 인도하는 집사이다.

④ 봉향奉香

향香을 담당하는 집사이다.

⑤ 봉로奉爐

향로香爐를 담당하는 집사이다.

⑥ 헌폐獻幣

신神에게 바치는 폐백幣帛을 헌관에게 건네주는 집사이다.

⑦ 전폐奠幣

폐백幣帛을 헌관에게 건네받아 신위 앞에 올리는 집사이다.

⑧ 사준司尊

제례에 쓰이는 신주神酒(신에게 바치는 술)를 담당하는 집사이다.

⑨ 봉작奉爵

　사준司尊이 따라놓은 술잔을 헌관에게 드리는 집사이다.

⑩ 전작奠爵

　헌관에게 받은 술잔을 신위 앞에 올리는 집사이다.

⑪ 동창東唱

　제례에 참여한 사람들이 절을 할 때 창唱을 하는 집사로서 국궁鞠躬과 배拜를 각각
부른다.

⑫ 서창西唱

　제례에 참여한 사람들이 절을 할 때 창唱을 하는 집사로서 절이 끝난 뒤 평신平身과
흥興을 각각 부른다.

〈분방지 쓰는 모습〉

제의祭儀에서 말하는 동·서·남·북은 일반적인 방위의 동·서·남·북과는 관계없이 신위를 모신 곳이 북쪽이고, 그 앞이 남쪽이고, 왼쪽이 동쪽, 오른쪽이 서쪽이다. 그리고 신위 앞을 지나갈 때는 예를 갖추기 위해 읍을 하고 지나간다.

북   남

〈읍을 하는 모습〉

제례에 참여하거나 웃어른을 모실 때 손을 포개어 잡는 것을 공수拱手라고 한다. 평상시와 제례 때에 남자는 왼손이 위로 가게 두 손을 포개 잡아야 한다. 흉사시(본인이 상주거나 상가집에 가서는 졸곡 때까지)는 그 반대다. 여자는 남자와 반대다.

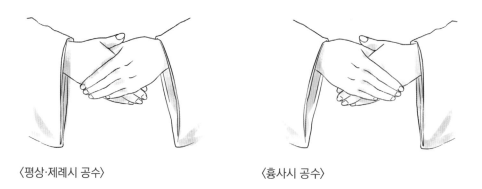

〈평상·제례시 공수〉   〈흉사시 공수〉

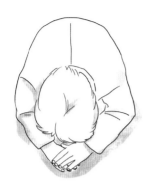

〈제례 정면〉

〈제례 측면〉

　　제례시 계단을 오를 때에는 첫 디딤발은 오른발을 먼저 딛고, 내려갈 때는 왼발을 첫 디딤발로 하는데 한 발씩 디뎌야 한다.

〈계단 오를 때〉

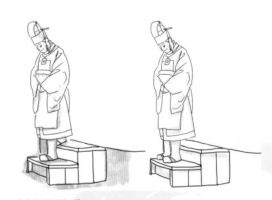

〈계단 내려갈 때〉

〈강릉단오제 조전제 분방지〉

강릉단오제 헌관 및 집사

구 분	初獻官 (초헌관)	亞獻官 (아헌관)	終獻官 (종헌관)	執禮 (집 례)	大祝 (대 축)
山神祭 산신제 음4.15(10: 00)	동부지방산림청 청장	단오제위원회 이사	화물자동차협회 회장	단오제보존회	단오제보존회
國師城隍祭 국사성황제 음4.15(11: 00)	강릉시장	강릉상공회의소 회장	강릉택시조합 이사장	단오제보존회	단오제보존회
奉安祭 봉안제 음4.15(18: 00)	강릉시의회 의장	성균관유도회 강릉지부장	강릉시여성단체협의 회장	단오제보존회	단오제보존회
迎神祭 영신제 음5.3(18: 00)	단오제위원회 위원장	수산업협동조합 조합장	강릉시산림조합 조합장	단오제보존회	단오제보존회

구 분	初獻官 (초헌관)	亞獻官 (아헌관)	終獻官 (종헌관)	執 禮 (집 례)	大 祝 (대 축)
朝奠祭 조전제 음5.4(10:00)	강릉교육지원청 교육장	강릉소방서 서장	강릉축산협동조합 조합장	단오제보존회	단오제보존회
朝奠祭 조전제 음5.5(10:00)	강릉시장	강원도의회 도의원	강원양돈농협 조합장	단오제보존회	단오제보존회
朝奠祭 조전제 음5.6(10:00)	강릉시의회 의장	강릉농협협동조합 조합장	학산오독떼기보존회 회장	단오제보존회	단오제보존회
朝奠祭 조전제 음5.7(10:00)	강릉경찰서 서장	농협중앙회 강릉시지부장	강릉시이통장협의회 회장	단오제보존회	단오제보존회
朝奠祭 조전제 음5.8(10:00)	강릉문화원 원장	강릉농악보존회 회장	사천하평답교놀이 보존회 회장	단오제보존회	단오제보존회
送神祭 송신제 음5.8(18:00)	국회의원	강릉시부시장	강릉시번영회장	단오제보존회	단오제보존회

5.

제물 준비 및 진설도

가. 제기의 의미와 명칭

1) 제기의 의미

① 향香[1]

초헌관이 집사로부터 술잔을 받아 향로 주위로 3번 돌리는 것은 인간의 손에 의해 생긴 부정한 것, 또는 불순물을 사전에 제거하고, 신이 마실 술잔을 깨끗하게 정화하기 위함이다. 향내는 부정을 제거하고 심신을 맑게 함으로서 신명과 통한다고 한다.

② 촛불

촛불은 초에 켜는 불로 신을 맞이하기 위해 켠다. 제물을 진설하기 앞서 먼저 초에 불을 붙이고 제사가 끝나면 철상을 하고 난 다음에 불을 끈다. 촛불은 삶과 죽음 즉 이승과 저승의 경계를 이어주는 빛이기 때문에 제사 때나 차례 의식 때 켠다.

제사가 끝나고 촛불을 끌 때에는 입으로 바람을 내 끄지 않고, 손바닥으로 바람을 일으켜 끈다. 온갖 화와 병이 입으로 드나드는데 화는 입에서 나오고 병은 입으로 돌아온다. 그러니 사람의 입은 온갖 화와 병을 불러일으키는 통로가 되는 셈이다. 화와 병이 드나드는 입에서 나오는 바람으로 신성한 공간에서 유명을 밝혔던 촛불을 끄지 않는다. 그러기 때문에 입으로 바람을 일으키지 않고 손바닥으로 바람을 일으킨다. 제사 때 신을 모신 신성한 공간을 밝힌 촛불을 화나 업을 일으키는 입으로 바람을 일으켜 끄지 않았던 것이다.

③ 폐백幣帛

폐백은 초헌관이 신을 찾아뵙는 참신례參神禮를 한 다음인 전폐례奠幣禮 때 신에게 올리는 선물이다. 예전에 폐백은 옷감 가운데 최고급품인 비단을 바쳤으나 세월이 지나

---

1 향은 향나무를 잘게 깎은 향목(香木)이나 향나무를 가루로 만들어 동물성 연료를 섞어 반죽하여 만든 연향(練香)을 말하고, 향불은 향을 향로에 넣어 피우는 숯불을 말한다.

면서 그보다 조금 못한 흰모시를 바치기도 했다. 비단은 화폐가 널리 통용되지 않던 시절에는 현금과 같은 아주 귀중한 물건이었고, 흰 모시는 옷을 만드는데 쓰이는 귀하고 고급스러운 옷감이었다. 그런데 요즘에는 비단이나 흰모시 대신 한지를 쓴다.

폐백 때 옷감을 드리는 이유는 신이 초헌관, 아헌관, 종헌관 등 헌관들의 절을 받을 때 귀중한 옷감으로 몸을 감싸고 나오라는 의미다. 신에게 바친 폐백은 망료례望燎禮 때 축관이 초헌관 앞에서 축과 함께 태운다.

2) 제기 명칭

〈위패〉   〈신주독〉   〈독 덮개〉

〈향로〉

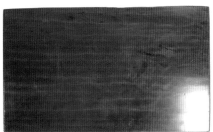

〈향안〉

〈향합〉

〈촛대〉　　　　　　〈제주병〉

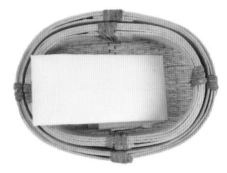

〈폐백함〉

〈생용〉

〈술잔(음복용)〉

〈술잔〉

〈침채〉

〈식혜〉

〈간장〉

〈탕기〉

〈시저그릇〉

〈메그릇〉

〈퇴주그릇〉

〈제기〉

〈숟가락, 젓가락〉

〈물동이〉

〈시루〉

〈술단지〉

〈소반〉

〈구박〉 〈함지〉

〈쌀름박〉

〈놋대야〉

〈칼〉

〈도마〉

〈바가지〉

〈발〉

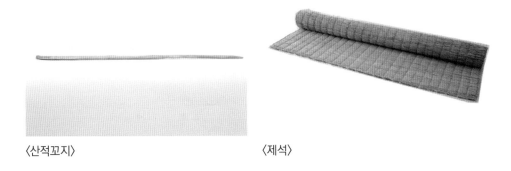

〈산적꼬지〉   〈제석〉

나. 제물의 종류

제물은 제사 때 신에게 바치기 위해 제사상에 올리는 음식물인데 강릉단오제 때 쓰는 제물은 과일류·고기류(육류)·생선류(어물)·나물류·탕류·메·술 등 일반가정에서 지내는 기제사의 제물과 같다. 강릉단오제 때 쓰는 제물 가운데 과일류는 3실과인 대추, 밤, 감, 곶감과 그 외 배·과질 등이고 고기류는 뭍에 사는 짐승인 소의 고기이고, 생선류는 바다에서 사는 어물로 동해안에서 많이 나는 문어, 명태, 열기이다. 나물류는 시금치, 도라지 등이다. 그 외 제물로는 메, 국(갱), 탕(3탕), 제주, 적, 두부, 양념들이 있다. 그런데 고춧가루 같은 붉은 색이나 냄새가 진한 향신료, 검은 깨들은 쓰지 않는다. 또 날개 달린 새 종류인 닭은 쓰지 않고 육류와 어물은 날 것을 쓰지 않고 익혀서 쓰며, 소금이나 간장만으로 조리한다.

그런데, 강릉지역에서 지내는 마을 서낭제와 기우제에서는 제물로 닭을 쓰는 곳도 더러 있고, 또 기우제 때에는 개를 제물로 쓰는 마을도 있는데[2], 이 때 살아있는 닭이나 개를 제물로 쓰는 마을도 있고, 익혀서 쓰는 마을도 있다. 개를 제물로 쓰는 예는 고대 중

---

2   김기설 강릉고을의 기우제 고찰 강릉민속학 제28집 강원도민속학회, 2014

국에서도 있었는데, 사마천의 〈사기〉에 보면 '진의 덕공 2년(679)에 처음으로 삼복 제사를 지낼 때 성안 4대문에서 개를 잡아 올려 제사를 지냄으로써 벌레의 재난을 막았다'고 하였다. 또 예전에 강릉에서 지냈던 여제厲祭(여귀를 위로하는 제사)와 독제纛祭(독에게 지내는 제사)에서는 제물로 양과 소꼬리를 각각 쓰기도 하였다

① 메(반, 飯)

메는 신께 드리는 쌀밥으로 음력 4월 15일 대관령에서 지내는 산신제와 대관령국사성황제는 신을 한분을 모시기 때문에 한그릇을 올린다. 봉안제부터는 대관령국사성황신과 대관령국사여성황신 두 분을 모시는 연유로 메도 두 그릇을 올린다.

② 국수 면식麵食[3]

국수를 먹는 것도 잔치나 생일을 맞이한 사람이 긴 국수의 면발처럼 길고 오래도록 행복하게 살라는 의미를 담고 있다. 국수를 올리는 숫자는 메와 같다.

---

3   국수는 밀가루에 물을 부어 반죽하여 얇게 밀어서 가늘게 썰어 만든 음식이다. 국수는 평소에도 자주 먹지만, 특히 생일·잔치·제사 때에도 먹는다. 국수를 잔치에서 쓰는 것은 경사와 추모가 국수의 길이처럼 길게 이어지라는 의미와 또 국수를 먹는 사람들이 국수의 길이처럼 오래도록 건강하고, 장수하라는 유감주술의 의미를 담고 있기 때문이다.

③ 떡米食[4]

매 제례 때마다 백설기 한 시루(1말)를 올린다. 떡은 시민들이 낸 헌미(쌀)로 찌는데, 제사를 지내고 헌관이나 제관들에게 나눠주고 또 제사에 참여한 시민들에게도 고루 나눠준다.

④ 제주祭酒

음력 4월 15일 행사에 쓰일 제주는 칠사당에서 빚은 신주를 사용한다. 술을 빚는 양

---

4 떡은 곡식이나 곡식가루를 찌거나 삶거나 하여 빚어서 만든 음식인데, 떡은 찰기가 있어 서로 붙게 하는 성질이 있는데, 떡은 조상신과 후손들을 결합시키는 의미를 가지고 있다. 옛말에 '귀신 듣는데 떡 소리도 못 한다'는 말이 있듯이 귀신이 좋아하는 떡을 제사상에 올리고 사람이 먹음으로써 신과 일심동체가 되게 한다.

은 백미 1말에 누룩 8㎏을 사용한다. 5월 3일~8일까지 쓰일 제주는 (음력) 4월 25일을 전후해 빚는다. 제주는 걸러서 사용하지 않고 위의 맑은 청주만 떠 사용한다.

  제주는 사람과 조상(신)을 연결해 준다. 헌관이 제주를 올려 신을 위로하고 사람에게는 풍요와 복을 기원한다. 술은 음력 4월 5일 강릉시장으로부터 받은 누룩·쌀·솔잎으로 담근다.

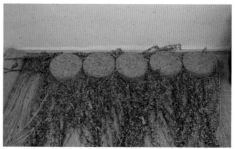

〈누룩빚기〉

  제주는 칠사당에서 빚는데, 술을 빚기 전에 제관들은 함을 입에 물고, 무격은 부정굿을 하며 주위를 깨끗하게 한다. 그런 다음 누룩·쌀·솔잎 등을 버물어 단지에다 담근다. 단지는 제주를 담기 전에 제독을 하는데, 칠사당 마당에다 화덕을 만들어 솥을 걸쳐놓고 그 위에다 단지를 올려 제독을 한다. 술을 담근 단지는 칠사당에 놔두었다가 4월 14일 산신제 전 날 걸러 쓰고, 영신제·조전제·송신제 등에 쓸 제주는 4월 25일 전후에 다시 빚는다.

  제주를 담글 때 솔잎을 같이 넣는데,

〈제주〉

솔잎은 향이 진하여 술 냄새와 조화를 이룬다. 소나무는 물이 부족하여도 잘 자라고, 토질이 좋지 않아도 잘 자라고, 햇볕이 강해도 잘 적응하고, 기후변화에도 잘 적응하는 나무여서 생명력과 적응력이 강한 나무로 알려졌다.

제사를 마치고, 헌관들과 제관들이 술을 마시며 음복 하는 것은 신이 마신 술을 사람이 먹음으로서 사람과 신이 하나가 되어 복을 받고, 소원을 성취하고자 함이다.

⑤ 소고기 육적[肉炙][5]

강릉단오제에서는 기름이 없는 최상의 고기를 사용한다. 보통 한번에 6㎏ 정도를 사용하는 데, 각을 뜨면서 지방과 힘줄 등을 제거하기 때문에 실제 사용되는 양은 5.5㎏ 정도이다. 생육으로 1㎏ 정도를 쓰고 육탕으로 약간, 나머지는 산적을 만들어 쓴다.

---

5   소는 원시사회 때부터 사람과 친숙하게 지내온 가축으로 농가에서는 노동력을 제공하고, 번식을 통해 경제적 이득을 제공한다. 소는 개와 더불어 길들여진 가축으로 살아서는 사람들의 힘든 일을 도와주고 죽어서는 고기와 가죽 등을 준다. 소는 12지(자·축·인·묘·진·사·오·미·신·유·술·해)에서 2번째인 축(丑)에 해당되는 짐승이고 모의 가축 싸움인 윷놀이에서(도는 돼지, 개는 개, 걸은 닭, 윷은 소, 모는 말을 상징한다)에 해당되는 가축이다. 소는 성실·우직·순박·근면·끈기·평화를 상징하고 귀하고 신성하게 여겨 예부터 신께 바치는 제물로 널리 사용되어왔다. 소는 신께 바치는 여러 제물 가운데 으뜸이었고, 옛 부여에서는 전쟁을 하러 나갈 때는 소를 제물로 삼아 하늘에 제사를 지냈다고 한다. 이러한 소를 신께 바쳐 신으로 하여금 소의 기운을 받아드리도록 하고자 한다. 소고기는 집안의 잔치, 일반가정의 제사, 마을의 동제나 서낭제, 또는 다른 여러 제의 등 중요한 행사에서는 빠지지 않고 상에 오른다. 보통 제사상에 올리는 고기는 하늘, 바다, 지상에 사는 동물로 주로 날개를 가진 닭, 네발 짐승인 소, 바다에 사는 어물들이다. 그러나 강릉단오제에서는 날개를 가진 닭은 쓰지 않는다.

⑥ 생육牛生

⑦ 어물 어적魚炙

바다가 있는 강릉지역에서 어물은 주로 바닷고기를 쓴다. 어물을 제사상에 올리는 것은 육지에 자라는 짐승과 더불어 바다에서 나는 고기 등 모든 것을 신께 고루 드리기 위함이다. 물고기는 낮에 활동할 때나, 밤에 잘 때나 눈을 감지 않는다. 그래서 어물은 눈을 감지 않고 모든 사악한 기운을 살펴 감시하고 물리친다는 의미를 가지고 있다. 어물 가운데 제사상에 오르는 대표적인 고기는 문어[6]·열기[7]·명태[8]·가자미·대구 등이고, 제사상에 오르지 못하는 고기는 이름 끝에 '치'자가 붙은 고기들로 가물치·삼치·꽁치·새치

---

6 문어(文魚)는 몸에 먹물을 지니고 있어 어물 가운데 글을 하는 유일한 고기라 하여 양반고기라고도 한다. 문어는 다른 연체동물과는 달리 다리가 8개 즉 8족(八足)을 가지고 있다. 문어는 8족이 온전해야 제구실을 하여 제사상에 오르고, 사람도 8족(八族)이 온전해야 사람대접을 받는다. 8족이란 친족인 할아버지·할머니, 아버지·어머니, 외족인 외할아버지·외할머니, 처족인 장인·장모를 말하고, 온전한 사람이란 친족인 조부모와 부모, 외족인 외조부모, 처족인 장인장모가 정식혼례를 치르고 부부가 된 선천(宣薦)에서 태어난 사람을 말한다. 이런 부부 사이에서 태어나야 부천(部薦·서족)이 아니고, 선천이 된다. 신분을 중시하던 사회에서 서족(庶族) 출신인 부천은 사람다운 대접을 받기 어려웠고, 선천으로 태어나야 제대로 사람대접을 받았던 것이다. 문어도 8족이 성해야 제사상에 올라 대접을 받고, 사람도 8족이 온전해야 사람대접을 받는다. 문어의 8족(八足)과 사람의 8족(八族)의 소리값이 같아서 서로 8족이 성해야 되기 때문에 8족(八足)이 있는 문어를 소중하게 여겨 제사상에 올린 것이다.

7 열기는 양볼락과에 딸린 어물로 동해안에서 많이 난다. 열기는 서해안에서 많이 나는 조기와 비교되는 생선이다. 열기는 강릉지역에선 열갱이라고 하는데, 머리가 크고 살점이 두텁고, 뼈가 굵고, 세굳고, 길이는 명태보다 조금 짧으나 붉으스레한 색을 띤다.

8 명태는 대구과에 딸린 어물로 동해안에서 나는 대표적인 어물이다. 명태는 다양한 이름으로 불려지는데, 잡는 위치, 잡는 방법, 고기의 상태, 고기의 크기 등에 따라 부르는 이름이 각각 다르다. 머리가 크고, 살점이 두텁고, 알을 많이 낳는다. 명태는 어느 부위 하나 버리지 않고 모두 먹을 수 있는 생선이다. 명태를 제사상에 올리는 것은 명태는 알을 많이 낳아 다산과 풍요 또는 번성을 의미하기 때문에 사람들도 이와 같이 자식을 많이 낳고 집안이 번성하라는 의미를 담고 있다. 명태는 동해안에서 지내는 고사, 제사, 치성 등에 널리 쓰이는데, 요즘에는 자동차를 사서 차 고사를 지낼 때에도 쓰기도 한다. 집안에서 안택고사를 지내고 나서 안방이나 마루에 매달아 놓기도 한다. 명태를 매다는 것은 명태는 제독작용을 하기 때문에 사악함이 집안으로 들어오는 것을 물리치고, 또 자식들의 번성을 기원하기도 한다.

(이면수)·참치·갈치·도치 등이 있다. 이런 고기들은 비린내가 강하여 신들이 싫어한다고 한다.

목판에 어물을 고이는 순서는 명태, 열기, 문어 순으로 올린다. 명태는 네 토막씩을 격자로 네 칸 쌓아올리고, 그 위에 열기는 세 토막씩 격자로 네 칸을 쌓는다. 이때 명태는 머리는 사용하지 않고 굵은 몸통 부분만 사용하는데 비해 열기는 꼬리부분을 잘라내고 머리부터 몸통까지 사용한다. 마지막으로 문어를 두 칸 쌓는다. 문어는 다리 부분만을 사용하는데 가장 굵은 부분을 25㎝ 정도의 길이로 자르고 가운데 부분을 갈라 넓게 펼쳐 담는다.

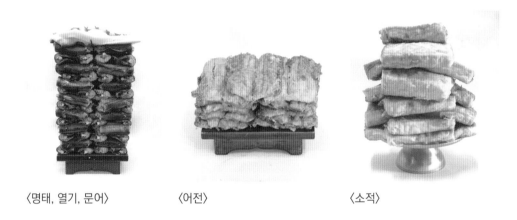

〈명태, 열기, 문어〉　　　　〈어전〉　　　　〈소적〉

⑧ 대구포大口脯
상품 3 마리를 사용한다.

⑨ 탕湯

어탕(명태), 육탕(소고기), 소탕(두부), 알탕(계란) 네 그릇을 만들어 올린다.

〈어탕〉   〈육탕〉   〈소탕〉   〈알탕〉

⑩ 소채류

시금치와 도라지 나물[9]을 쓴다. 강릉단오제에서 제물로 고사리는 쓰지 않는다.

---

9   나물은 풀이나 어린 나뭇잎·뿌리·줄기 및 채소 따위를 양념을 하여 만든 음식이다. 제사 때 쓰는 나물은 색깔이 3가지
    인 3색 나물이다. 3색 나물은 고사리·도라지·시금치를 말하는데, 이를 익혀서 무쳐 쓴다. 고사리는 검은색, 도라지는
    흰색, 시금치는 푸른색이다. 이를 삼색 나물이라 하는 데, 삼색 나물은 '천지인의 3요소가 공존하면서 하나가 됨을 의
    미하는 것'으로 도라지는 뿌리나물, 고사리는 줄기나물, 시금치는 잎나물이다. 그러니 도라지는 뿌리나물이어서 조상
    과 과거를, 고사리는 줄기나물이어서 자신과 현재를, 시금치는 잎나물이어서 후손과 미래를 상징한다. 3색 나물이 자
    라는 공간이 서로 다른데, 고사리는 산에서, 도라지는 들에서, 시금치는 텃밭에서 자란다. 이러한 나물들이 산, 들, 텃
    밭 등 흙에서 자라기 때문에 땅의 기운인 지기를 고루 받아가며 살아가서 신에게 땅의 기운을 전한다.

⑪ 대추[10]

제기 하나를 쌓는데 작은되로 3되 정도가 들어간다. 대추의 머리와 꼬리 부분을 안으로 밀어 넣고 전체적인 모양을 둥글게 다듬어 고인다.

⑫ 밤[11]

제기 하나를 쌓는데 작은 되로 3되 정도가 들어간다. 겉껍질과 속껍질을 모두 벗겨 색깔이 변하지 않게 쌀 씻은 물에 담구었다가 사용한다. 윗면과 아랫면은 평평하게 깎아 내고 옆면은 육각으로 쳐서 모양을 낸다.

---

10 대추는 갈매나무과의 낙엽활엽교목인 대추나무의 열매다. 대추는 꽃이 하나 피면 반드시 열매를 하나 맺고서 꽃이 떨어진다. 그래서 헛꽃이 없다. 꽃이 피면 반드시 열매를 맺기 때문에 대추는 한 나무에 헤아릴 수 없을 만큼 많이 열린다. 그래서 다산과 후손의 번성을 상징한다. 대추는 사람도 이와 같이 태어나면 반드시 자식을 낳고 대를 이은 다음 죽어야 한다는 교육적 의미를 담고 있다. 대추는 씨가 하나여서 임금을 상징하여 제사상 제일 왼쪽에 올린다. 대추는 오행에서 동, 목, 청을 의미한다.

11 밤은 밤나무의 열매로 야산이나 들에 많이 자란다. 보통 식물의 경우 나무를 길러낸 씨앗은 땅속에서 썩어 없어지지만 밤은 땅속에서 씨밤이 생밤인 채로 달려 있다가 나무가 자라 씨앗을 맺어야 씨밤이 썩는다. 밤은 처음 싹을 틔운 밤톨이 땅속에 그대로 남아 있는데 이는 자신의 조상과 근본을 잊지 말고 효의 근본을 생각하라는 교훈적 의미를 담고 있다. 밤은 열매 껍질이 나무뿌리에 계속 붙어 있어 근본 즉 조상을 잊지 않고, 자기와 조상을 영원히 연결하고, 또 자손이 여러 대를 내려가도 조상은 언제나 자기와 연결됨을 의미한다. 그래서 아름드리가 되도록 썩지 않는 밤나무로 신주·위패·제사상을 만들어 쓴다. 또 밤은 저승길을 갈 때 먹는 음식이라고 한다. 밤톨은 밤송이 안에서 보통 3개가 조화를 이루고 있다. 좁은 공간에서 서로 엉켜 조화를 이루는데 이는 사람도 인간관계에서 모나지 말고 서로 조화를 이루며 원만하게 교유하라는 의미를 담고 있다. 밤에는 5기(五氣)가 있는데 겉은 강하고 속은 부드러운 성질(일의 추진력), 껍질은 단단하고 강한 성질(방어력), 껍질 속의 털은 포근함(보호력), 보늬의 떫은 맛은 인생살이(인내력), 밤톨의 고소한 맛은 깨달음의 참맛(중화력, 깨달음)을 나타낸다. 또 밤은 대체로 밤송이 속에 3개가 있어 왕조시대 3정승(영의정, 좌의정, 우의정)을 상징하여 제사상에 올릴 때는 대추 옆 오른쪽에 올린다.

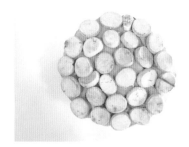

⑬ 곶감[12]

제기 하나를 쌓는데 꼬치곶감 100~120개 정도가 쓰인다.

---

12 감은 감나무의 열매다. 모든 식물은 씨를 심으면 자라 그 식물의 열매를 맺지만 감만은 그렇지 않다. 감은 그 씨를 심으면 감나무가 되지 않고, 고욤나무가 된다. 그래서 감은 '콩 심은 데 콩 난다(種쬬得쬬)'는 이치에 맞지 않는 식물이다. 감나무는 고욤나무를 감나무에 접을 붙여야 비로소 감나무가 되는데, 감나무에 접을 할 때는 감나무 껍질을 찢고 그곳에 고욤나무를 베어 붙인다. 감나무는 껍질을 찢고, 고욤나무는 가지를 자른다. 그런 시련과 아픔이 있어야 감나무가 된다. 감을 맺는 감나무가 되기 위해서는 그만큼 시련과 아픔이 따른다. 사람도 사람다운 사람이 되기 위해서는 교육이라는 시련과 아픔이 따른다. 사람이 사람으로 태어났다고 하여 다 사람이 되는 것이 아니고, 배움이 있어야 올바른 인성이 형성된 사람으로 된다는 뜻이다. 가르침을 받고, 배우는 데는 인내와 아픔이 뒤따른다. 그저 배워지는 것이 아니다. 열심히 배우며 노력하는 고통이 있어야 된다. 아픔을 겪으며 선인의 지혜를 이어받아야 인격이 형성된 사람이 된다는 것이다. 그러니 감은 교육을 통해 인성과 인격의 형성을 의미해 준다. 감나무는 '5절(五絶), 5색(五色), 5방(五方), 5상(五常)'을 갖추고 있다고 하는데, 먼저 5절은 '몇 백년을 사니 목숨이 길고(壽), 새가 깃을 틀지 않으며(無鳥巢), 벌레가 꾀질 않으며(無蟲), 열매가 달기 그보다 더 한 곳이 없고(嘉實), 나무가 단단하기 역시 비길 나무가 없다(木堅).' 5색과 5방은 '나무는 검고(흑색-북쪽), 감잎은 푸르고(청색-동쪽), 감꽃은 누렇고(황색-중앙), 열매는 붉고(적색-남쪽), 말린 곶감에는 흰 가루가 남아있어 희다(백색-서쪽)'이다. 또 5상은 '단풍진 감나무 잎을 시엽지(柿葉紙)라 하여 글을 쓰는 종이가 되어 문(文)이 있고, 나무가 단단하여 화살촉으로 쓰인다고 하여 무(武)가 있고, 만천하의 과실 가운데 속과 겉이 다르지 않고 똑같이 붉은 것은 감 밖에 없다하여 충(忠)이 있고, 이가 빠진 노인도 부담없이 먹을 수 있는 과일이어서 효(孝)가 있으며, 서리를 이기고 만추까지 유일하게 버티니 절(節)이 있다'고 한다. 감은 씨가 6개여서 왕조시대 의정부의 6조(이조, 예조, 공조, 호조, 형조, 병조)를 상징하여 제사상에 올릴 때 밤 옆에 올린다.

⑭ 배

　　7개를 쌓아 올린다. 3개씩 2줄을 쌓고 위에 한 개를 올려놓는다.

⑮ 한과(과줄)[13]

　　큰 것 9장을 쌓아 올린다.

13　'과줄'에 대한 문헌상 기록은 고려후기《삼국유사》에서 찾을 수 있다. 1281년경 승려 일연이 편찬한《삼국유사》에 '菓(과)'로 적혀있으며, 접대음식과 제사음식으로 쓰임새가 기록되어 있다. 가락국기에는 매년 다섯 차례 정월 3일과 7일, 단오일, 8월 5일과 15일 등에 제사를 지낼 때 '茶菓(다과)'를 올렸다 전하고 있으며,「김유신 전」에는 세 명의 여신이 김유신에게 '美菓(미과)'를 대접했다고 적혀있다. 이과 같은 문헌상의 기록을 통해 '과줄'이 특별한 날 사용했던 귀한 음식이라는 것을 유추해 볼 수 있다. 일제강점기 시대 육당 최남선은 자신의 글을 통해 "세계에 짝이 없을 만큼 특색 있고, 조선에서 만드는 최고급 과자 가운데 최고의 상품이다."라고 평했다.
　　과줄에는 확대추구의 주술적 정서, 풍요를 바라는 기원적 성격이 담겨 있다. 곡식가루를 발효시켜 만든 바탕을 기름에 튀겨 만드는 '과줄'은, 처음의 크기가 배로 커지는 형태적 특이성을 지닌다. 손가락 한 두 마디 크기의 바탕이 기름에 닿는 순간 수배로 부풀어 오르는데, 이러한 특이성으로 "작은 것을 크게 한다.", "집안 살림이 불어나서 부자가 되라." 주술적 의미를 지니고 있다, "과줄"의 쓰임을 보면 이러한 민속적 사상을 쉽게 유추해 볼 수 있다. 조상을 위한 제사, 혼례·회갑연, 귀한 손님의 접대 등 일상생활 속 중요한 행사에 널리 쓰인 이유이다.
　　그리고 과줄의 색 '백'에 담긴 의미가 있다. 중국의 '삼국지위지동이전'에는 부여와 신라 사람들이 흰옷을 즐겨 입었다는 내용이 적혀 있다. 고려시대 왕도 백저포를 즐겨 입었으며, 조선시대에도 삼베, 모시로 만든 옷을 만들어 입었다. 우리 민족이 백색을 선호하는 것은 태양 숭배사상에서 비롯된 것이라 할 수 있다. '백'은 우리 민족에게 있어서 태양의 상징이며, 광명, 길상을 의미하는 것이다.

⑯ 간장, 식혜, 침채

〈간장〉

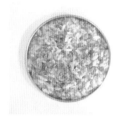
〈식혜〉

〈침채〉

다. 제물준비

강릉단오제의 제물 준비는 단오제가 1967년 국가무형문화재 제13호로 지정될 당시에는 중앙시장 요식업협회 회원(권석기)의 가게(소머리 국밥집)에서 하였고, 그 후 제례부가 생긴 다음부터 2000년까지는 도가를 담당하는 故 최두길 전수교육조교의 집(단오제단과 가까이 있는 노암동)에서 하였고, 2001년부터는 칠사당 행랑에서 한다.

① 장보기

제례에 쓰일 제물은 가장 크고, 신선하며, 모양이 좋을 것을 선택하며 가격을 깎지 않는다. 구입하는 재료는 미리 주문을 해 놓는데, 그러면 거래처에서 알아서 좋은 것으로 골라 준비를 해준다. 어시장에서도 오랫동안 거래를 한 곳이 많기 때문에 알아서 최상품의 제물을 준비해 준다. 물론, 전승자들이 제물이 납품될 때 제물 하나하나를 체크하여 일정한 기준에 미달하는 제물은 다시 돌려 보낸다.

② 제물 만들기

제물을 준비하고 만들기 전에 먼저 하는 일은 주변을 청소하고 금줄을 치는 일이다. 신주를 빚는 칠사당은 4월 2일 오전에 보존회 회원들이 모여 청소를 한 후 문 앞에 금줄을 치고 황토를 뿌린다. 4월 15일 산신당, 대관령국사성황사와 대관령국사여성황사에 열리는 행사의 금줄은 4월 8일에 친다. 금줄은 신성한 곳을 표시하고 부정한 사람의 접근을 막으며 잡귀의 침범을 방어할 목적으로 걸어놓는 왼 새끼줄로서, 이때는 대관령산신당, 대관령국사성황사, 대관령국사여성황사뿐만 아니라 제물 준비를 담당하는 칠사당에도 금줄을 친다.

〈칠사당〉

〈대관령산신당〉

〈대관령국사여성황사〉

〈제물 발 만들기〉

제물을 만들 때는 간장과 소금으로 조리하고, 조미료는 일체 사용하지 않으며, 사각의 한지를 대각선으로 접은 삼각형 모양의 함을 입에 물고 음식을 만든다. 이는 정갈해야 할 제물 준비에 혹시라도 부정한 말을 하거나 음식에 침이 들어가지 않기 위한 방안이다. 소고기는 생으로 올리는 부분과 육탕을 만들 부분을 잘라놓고, 나머지는 길게 썰어 꼬지 산적을 만든다. 산적은 미량의 소금을 넣어 찐다. 떡은 미리 불려놓은 쌀을 방앗간에서 빻아다 시루에 쪄낸다. 떡(1말)은 다른 재료를 전혀 넣지 않은 백설기로 쪄내며 쌀을 빻기 전 소금으로 약간의 간을 한다. 어물은 다듬어서 찜통에다 쪄내고, 문어는 다리만을 구입하는데 구입시에 시장에서 바로 삶는다. 어탕, 육탕, 소탕, 알탕은 모두 무를 채로 썰어 넣고 주재를 넣어 소금으로만 간하여 끓여낸다. 나물에는 시금치나물과 도라지나물을 올린다. 시금치는 물에 살짝 데쳐 소금으로 간하여 버무리고, 도라지는 껍질을 벗겨 데친 후 소금 간을 하여 버무린다.

라. 제물 고이기

밤, 대추, 곶감 등 삼실과와 배, 소고기 산적, 어물, 한과는 위로 층층이 쌓아 올려 모양을 만든다. 다음은 제물을 고이는 모습이다.

마. 포장하기

제물이 완성되면 포장을 하는데, 고여 놓은 제물들이 무너지지 않도록 한지로 몇 차례 두르고 바깥 면에 대나무를 가늘게 잘라 30cm 정도의 길이로 만든 발을 사방으로 둘러쌓아 끈으로 묶어서 포장을 한다. 포장이 다된 제물들은 크기를 맞춰 제작한 나무 궤짝에 담아 제례 장소로 가져간다.

바. 진설도

1) 산신제 진설도

① 국가무형문화재 지정자료, 임동권, 1966

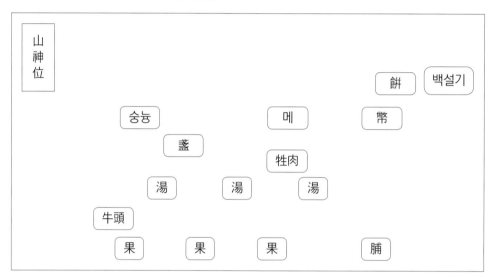

② 강릉단오제 실측조사보고서, 문화재관리국, 1994

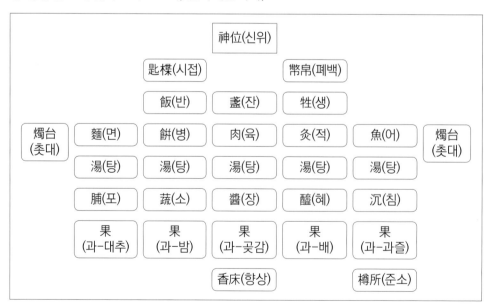

③ 강릉단오제보존회, 제례부, 2008

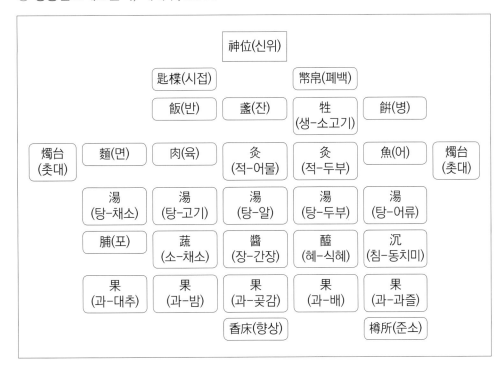

2) 대관령국사성황제 진설도

① 국가무형문화재 지정자료, 임동권, 1966

② 강릉단오민속기행, 두산, 1998

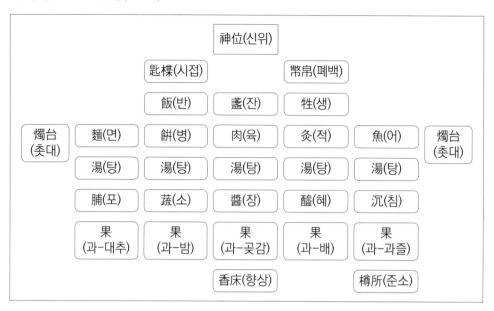

③ 진설도, 강릉단오제보존회 제례부, 2008

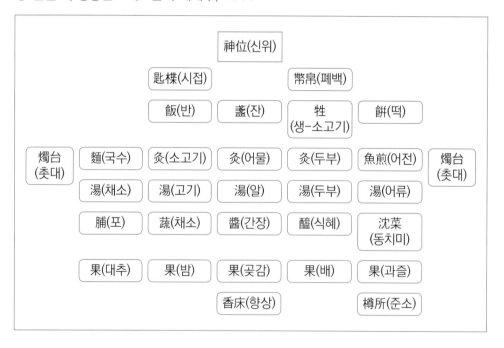

향로는 서쪽, 향합은 동쪽에 둔다.

6.

제례복식

가. 복식별 명칭과 설명

현재 강릉단오제의 제례복은 조선조의 제복을 따르고 있다. 원래 궁중에서 착용하는 제례복에는 조복과 제복이 있는데, 조복은 명절이나 국혼國婚 등 경사스러운 대사大事에, 제복은 상喪·장례葬禮를 제외한 국가 제사에 착용하는 제도복식이다. 조복은 홍색, 제복은 흑색을 겉옷으로 하며 신분상의 구분은 옷은 각 품이 동일하나 관冠·대帶·후수後綬·패옥佩玉·홀笏 등 부속제구로 품계를 구분하게 되어 있다. 그러나 실제로 조복과 제복의 구성은 의색衣色에서 차이를 보일 뿐 부속제구들은 유사하므로 전문적인 지식이 없는 한 혼돈될 가능성이 매우 높게 되어 있다.

이해를 돕기 위해 조선시대의 조복과 제복의 제도를 간략히 소개하면 다음과 같다. 조선시대의 제복과 조복의 제도는 국초부터 활발하게 논의되기 시작하여 성종대에 이르러 『국조오례의』 및 『경국대전』의 반포로 제도화되었다. 이것은 중국明의 제도를 따른 것으로 그들에 비해 두 단계를 낮게 책정하여 시행토록 하는 이등체강二等遞降 원칙에 준하여 명나라 삼품관복三品官服을 조선의 일품관복一品官服으로 정하였다.

① 백초중단白綃依

받침옷으로 입는 옷이다. 일반적으로 직령포와 같은 형태로 깃과 도련, 수구에 흑색선을 두른다.

② 상裳

　붉은색이며 2가닥으로 된 치마로서 주위를 검정색 선으로 둘렀다. 앞은 좁고 뒤가 넓은 전 삼폭, 후 사폭이다. 중단을 입은 위에 덧입는데 좁은 폭이 앞으로 오도록 한다.

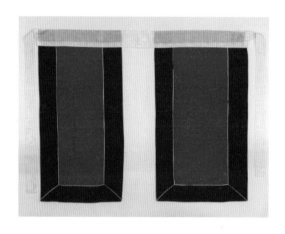

③ 의衣

　흑색으로 된 흑초의黑綃衣이며 제일 위에 입는 겉옷이다. 형태는 소매가 넓고 양 옆이 트인 3가닥 옷이다. 일반적인 포류袍類에 비해 길이가 짧고, 깃·수구·도련에 흰색선을 둘렀으며, 가슴 위에는 방심곡령方心曲領을 드리우고 있다.

④ 관冠

양관梁冠이라고도 하는데, 관 상부 중앙에 금색의 종선이 있어 붙여진 이름으로 그 수에 따라 품계를 구분하였다. 조복에는 관의 전후를 도금하여 화려하게 장식하여 이를 금관이라 하였고, 조복과 함께 금관조복으로 통칭되었다. 제복에는 도금부분을 전면 중앙 일부로 제한하여 전체가 흑색으로 된 관을 쓰는데 이를 제관이라 하였다. 여기에는 나무로 만든 비녀를 뒤에 꽂아 고정시켰다. 줄이 5개인 오량관은 일품용一品用이며, 사량관은 2품, 삼량관은 3품, 이량관은 4~6품, 일량관은 7~9품으로 구분하였다.

(가) 오량관: 관 상부 중앙에 금색의 종선이 5개가 붙어 있다(초헌관이 쓴다).

(나) 사량관: 관 상부 중앙에 금색의 종선이 4개가 붙어 있다(아헌관이 쓴다).

(다) 삼량관: 관 상부 중앙에 금색의 종선이 3개가 붙어 있다(종헌관이 쓴다).

(라) 일량관: 관 상부 중앙에 금색의 종선이 1개가 붙어 있다(집례와 대축이 쓴다).

(가) 오량관   (나) 사량관   (다) 삼량관   (라) 일량관

⑤ 비녀

나무로 만들어 관의 뒤에 꽂아 고정시키는 도구.

⑥ 목화木靴

조선 중·후기 관복에 맞춰 신던 신의 하나. 원래 목화의 바닥은 나무로 만들었으나 현재는 고무를 사용하고 있다. 신목은 가죽으로 겉을 씌우고 솔기에는 홍색선을 둘렀으며, 모양은 반장화와 비슷하며 목이 길고 넓적하다.

⑦ 오각대烏角帶

헌관이 입는 제복의 허리에 두르는 띠로 혁대革帶 또는 각대角帶라고도 한다.

⑧ 후수後綬

　　헌관이 입는 제복의 뒤에 늘이던 수로 다홍의 비단 위에 십장생 등의 길한 문양을 수놓고 가장자리에 오색으로 수를 단 매우 화려한 치장재이다. 후수는 품계에 따라 색깔과 문양이 다르다. 단오제의 후수는 먼저 초헌관은 황·녹·적·자색의 사색견사로 운학문을 수놓고 위에 두 개의 금환을 달아주며, 아헌관은 황·녹·적·자의 사색견사로 반조문을 수놓고 은환을 달아주며, 종헌관은 황·녹·적의 삼색견사로 연작문을 수놓고 은환을 달아준다.

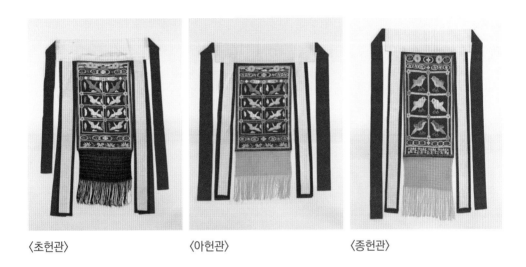

〈초헌관〉　　　　　〈아헌관〉　　　　　〈종헌관〉

⑨ 홀笏[1]

　　홀은 의식을 거행할 때 초헌관, 아헌관, 종헌관 등 3헌관이 손에 쥐는 장식물이다.

1　홀은 신분을 중시했던 왕조시대에 신하가 임금을 만날 때 신분을 상징하는 조복에 맞춰 손에 쥐었다. 홀은 헌관이 양손에 쥐고 있는데 이는 신앞에 단아한 모습으로 있기 위함이다. 홀의 길이는 1자 너비는 2치 정도가 된다. 조선시대 홀은 신분을 상징하는 장식물이기 때문에 벼슬에 따라 달랐는데, 정 1품에서 종4품까지는 상아로 만든 홀을 그 다음 품계인 정5품에서 종9품까지는 나무로 만든 홀을 들었다.

⑩ 유건儒巾

　　찬인과 집사가 머리에 쓰는 모자로 조선시대 유생들이 평상시나 향교, 서원, 과거시험장, 제사에 참석할 때 썼다.

⑪ 행전行纏

　　발목에서 무릎 아래 바지 위에 감싸는 것으로 바지가 펄럭이는 것을 막아준다.

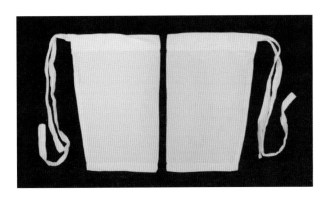

나. 입는 방법과 순서

① 초헌관복

　초헌관이 입는 옷으로 오량관을 쓰고 백초중단, 상, 흑초의 순으로 입고 후수, 오각대, 홀, 목화를 한 벌로 갖춰 입은 예복차림이다.

〈백초중단 입기〉　　〈상두르기(앞)〉　　〈상을 두른 모습(옆)〉　　〈상을 두른 모습(뒤)〉

〈흑초의를 입은 모습(앞)〉   〈흑초의를 입은 모습(옆)〉   〈흑초의를 입은 모습(뒤)〉   〈후수 착용(옆)〉

〈초헌관복(앞)〉   〈초헌관복(옆)〉   〈초헌관복(뒤)〉

② 아헌관복

아헌관이 입는 옷으로 사량관을 쓰고 백초중단, 상, 흑초의 순으로 입고 오각대, 후수, 홀, 목화를 한 벌로 갖춰 입은 예복차림이다.

〈아헌관 앞모습〉　　　　〈아헌관 뒷모습〉

③ 종헌관복

　　종헌관이 입는 옷으로 삼량관을 쓰고 백초중단, 상, 흑초의 순으로 입고 오각대, 후
수, 홀, 목화를 한 벌로 갖춰 입은 예복차림이다.

〈종헌관 앞모습〉　　　　〈종헌관 뒷모습〉

④ 집례·대축복

일량관을 쓰고 백초중단, 상, 흑초의 순으로 입고 오각대, 목화를 한 벌로 갖춰 입은 예복차림이다.

〈집례,대축 앞모습〉 〈집례,대축 뒷모습〉

⑤ 집사복

유건을 쓰고 옥색단령을 입고 청띠를 매며 혜를 신는다.

〈집사 앞모습〉 〈집사 뒷모습〉

다. 고름 매는 방법

1·2. 짧은 고름을 긴고름 위로 올리며 매듭을 짓는다.

3. 긴고름을 리본모양으로 만든 후 왼손으로 잡아 모양을 유지한다.

4. 오른쪽의 짧은 고름을 리본모양으로 잡은 후 집어넣는다.

5. 양쪽에서 잡아당기면서 고름의 모양을 만든다.

라. 대님 차는 방법

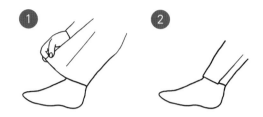

1·2. 안쪽의 복사뼈에 바지의 중심선을 맞춘다.

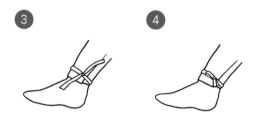

3. 바지의 끝부분을 안쪽으로 가져온다
4. 대님을 안쪽복사뼈에서 묶는다.

마. 유건 쓰는 방법

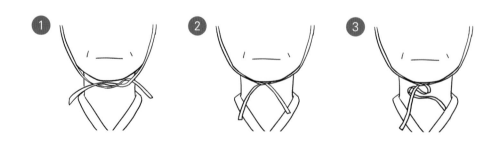

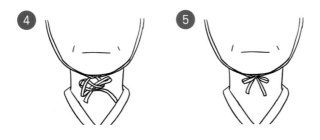

바. 행전 차는 방법

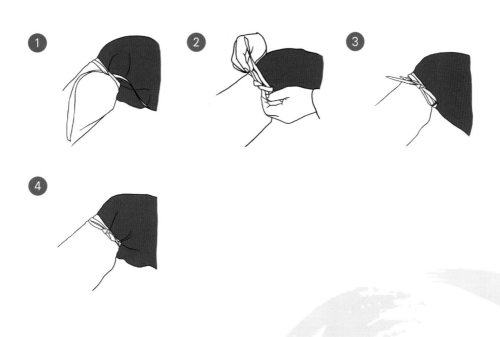

사. 의복 정리 방법

① 저고리

② 배자

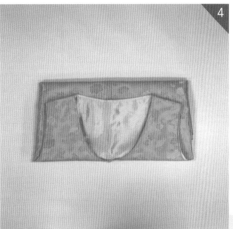

③ 바지

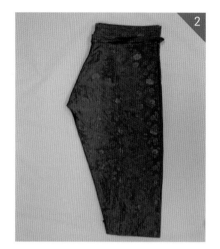

④ 백초중단

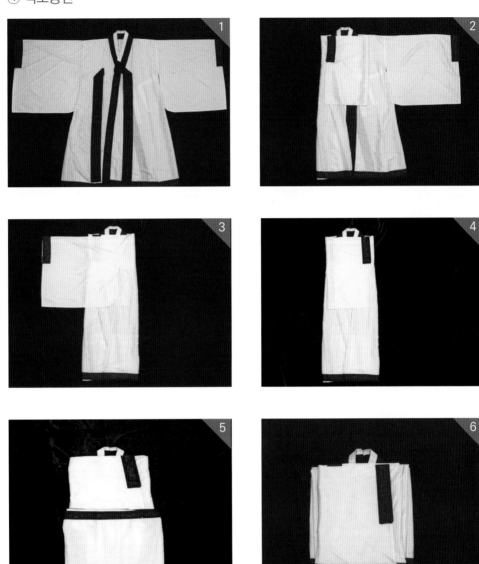

⑤ 흑초의

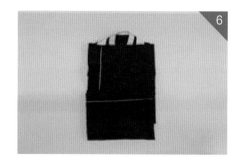

⑥ 후수

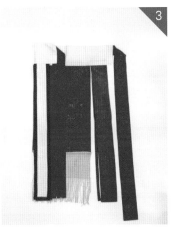

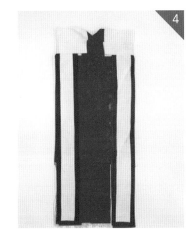

⑦ 상

강릉단오제는 음력 3월 20일부터 5월 6일까지 약 50일에 걸쳐 진행되었던 대제大祭이다. 옛 강릉단오제 8단오 기간 동안에 진행되는 행사 내용을 보면 다음과 같다.

강릉단오제 진행절차 / 8단오

진행일자	행사내용
3월 20일	신주神酒 담그기
4월 1일(초단오)	대성황사에서 헌주獻酒와 무악舞樂
4월 8일(재단오)	대성황사에서 헌주와 무악
4월 14일	봉영奉迎 출발(현재는 15일 출발함)
4월 15일(삼단오)	봉영, 대관령국사성황제(홍제동 국사여성황사에 모심)와 산신제
4월 27일(사단오)	대성황사에서의 무제巫祭
5월 1일(오단오)	화개花蓋, 관노가면극
5월 4일(육단오)	관노가면극, 무악 등
5월 5일(칠단오)	관노가면극, 무악 등
5월 6일(팔단오)	송신제送神祭, 소제燒祭

제의는 표에서 보듯이 주로 무격들에 의해 진행되지만, 본제에서는 홀기笏記와 축문祝文 등이 따르는 점을 보면 유교식과 절충된 방식이라 할 수 있다.

제사 준비는 3월 20일 제사에 올릴 술을 빚는 것에서 시작된다. 4월 1일 초단오에는 대성황사에서 헌주獻酒와 무악巫樂으로 제사를 올리고, 4월 8일 재단오 때에도 역시 대성황사로 가 이와 유사한 방식으로 제사를 드린다. 4월 14일에는 대관령국사성황신을 맞이하기 위해 악대樂隊를 선두로 제관과 무격들이 말을 타고 따른다. 도중 야숙野宿을 한 일행이 다음날 15일 국사성황사에 도착하면 국사성황신과 산신에게 따로 제사를 드린다. 제사는 4월 1일과 8일에 대성황사에서 한 것과 유사하지만 홀기를 읽어 진행한다. 이 성황당 근처의 수목 앞에서 무녀가 굿을 하고 기도하면 그중 나무 하나가 흔들리는데 이 나무를 베어 신간神竿으로 삼게 된다. 그리고 이 신간에는 치성드리는 사람들의 의뢰에 따라 액막이용으로 백지·목면실·마른 명태·의복 등을 걸어 놓고 성대한 굿을 한다. 제사가 끝나면 일행은 하산하기 시작하는데, 이때 힘센 무격 한 명이 허리띠에다 신간神竿을 세우고 내려온다. 행렬은 대관령에서 약 20㎞ 떨어진 성산면 구산리 구산성황당에 도착하여 여기서 잠시 휴식하고 굿을 한 뒤 다시 강릉으로 향한다. 구산에서부터는 거화군炬火軍이 마중을 나와 길을 밝혀주며, 행렬은 강릉시의 국사여성황사에 이르러 여기서도 굿을 한다. 이어 여성황사를 떠난 행렬은 마지막으로 강릉시의 대성황사에 도착하여 무악이 울리는 가운데 신간을 당 안에 세우고 나서 해산한다. 그리고 이때부터 5월 6일까지는 매일 제관들이 당에 봉안된 신간에 문안을 드린다. 그리고 5월 1일부터 5일까지 관노가면극과 무제巫祭가 수반되는 단오제가 시작되고, 6일에는 대성황사 뒷마당에서 송신제送神祭와 신간 등을 태워버리는 소제燒祭를 지냄으로써 강릉단오제가 모두 끝나게 된다. 일제는 1909년 축제의 중심공간이었던 대성황사를 훼철하고 그곳에서 진행되던 강릉단오제를 금지하였으나 오늘날까지 계승되고 있다. 오늘에 이르러는 다음장의 내용과 같이 강릉단오제 제례 행사가 진행되고 있다.

7.

행사별 제례 진행 과정

가. 신주빚기

  매년 음력 4월 5일 오전 11시에 칠사당七事堂에서 강릉단오제의 산신제와 대관령국사성황제, 봉안제에 쓰일 술을 빚는 행사, 즉 신주빚기가 열린다. 예전에는 음력 3월 20일에 도가집에서 술을 빚었으나 신주빚기와 산신제간의 기간이 길어 제주가 변질되는 경우가 빈번하여 신주빚기 행사를 실시하지 않다가 1992년부터 신주빚기 행사를 다시금 재현하면서 음력 4월 5일로 일정을 늦추어서 실시하고 있다. 칠사당에는 신주를 빚기 3일 전 문 앞에 금줄을 치고 황토를 뿌려 놓는다.

〈신주빚기 행렬 출발〉

〈신주빚기 행렬〉

〈부정가시기〉

〈신주미봉정 행사〉

〈신주미봉정행사〉

〈신주빚기 행렬〉

〈신주빚기 행렬〉

〈신주단지 제독〉

〈부정굿〉

〈신주빚기〉 〈신주빚기〉 〈신주 안치〉

음력 4월 5일 오전 10시 시청 앞마당에 제례부를 비롯한 강릉단오제보존회 회원들은 시장에게 배례하고 신주미를 받아 칠사당까지 3km 정도를 걸어서 행진한다. 이때 양중과 관노가면극 악사들은 굿거리와 삼채가락을 치고 무녀와 연희자들은 여기에 맞춰 춤을 추며 행진한다. 이때 시민들은 가정에서 준비해 온 쌀(신주미)을 바치기도 한다. 칠사당에 도착하면 먼저 마당 가운데에서 지신을 밟고 부정굿 한 석을 한다. 제례부 회원들은 마당 한가운데에 위치한 가마솥 안에 솔잎을 넣고 물을 펄펄 끓여 그 뜨거운 김으로 술단지를 제독除毒한다. 그리고 미리 준비해 온 고두밥과 누룩, 솔잎, 물을 알맞게 섞어 술을 빚는다. 쌀과 누룩의 비율은 2: 1 정도이고 솔잎은 쌀 한 말에 닷되 그릇에 담길 만큼의 양을 넣는다. 솔잎을 넣은 이유는 술맛을 좋게 하고 일정기간 술을 숙성시킨 뒤 술을 거를 때 쌀, 누룩과 잘 엉키어 술을 짜내기가 쉽기 때문이다.

한편 이날 행사에서는 일반 시민들이 단오제에 쓰일 제주와 떡을 빚기 위한 쌀을 내는 신주미 봉정 행사도 함께 열린다. 시민들은 정성껏 준비한 신주미 자루에 가족들의 성명과 생년월일을 써서 가족의 건강과 행복을 기원한다.

나. 대관령산신제

1) 의의

김유신 장군을 모시는 산신제는 음력 4월 15일 오전 10시에 대관령 산신당에서 유교식 제례로 진행된다. 제를 지내기 앞서 4월 8일에 산신당과 대관령국사성황사 그리고 대관령국사여성황사에는 금줄을 치고, 이후로는 제례가 올려지는 15일까지 일반인의 출입을 엄격히 금지한다. 제례부 회원들은 15일이 되면 새벽 6시에 미리 대관령에 올라와 산신과 국사성황에게 올릴 메를 생용에 짓고 제물을 진설하는 등 제례를 준비한다. 산신제는 홀기의 순서에 따라 30여 분 정도 진행되며, 초헌관은 이곳의 산림을 관장하는 동부지방산림청장이 맡는다. 제례가 끝나면 참석자들은 모두 대관령국사성황사로 이동한다.

2) 홀기

○ 헌관급제집사구취문외위獻官及諸執事俱就門外位

 : 헌관과 모든 집사는 제사 지낼 준비를 갖추고 문밖 제자리에 서시오.

○ 찬인인예축급제집사입취배위贊引引禮祝及諸執事入就拜位

: 찬인은 제집사를 인도하여 절하는 자리에 나아가시오.

○ 개재배皆再拜: (제집사는) 모두 두 번 절을 하시오.

○ 국궁鞠躬: 몸을 굽히시오.

○ 배拜: 절하시오.

○ 흥興: 허리를 펴서 세우시오.

○ 배拜: 절하시오.

○ 흥興: 허리를 펴서 세우시오.

○ 평신平身: 일어나 몸을 바로 하시오.

○ 예관세위詣盥洗位: (찬인은 제집사를) 손 씻는 자리로 안내하시오.

○ 관수盥手: 손을 씻으시오.

○ 세수帨手: 손을 닦으시오.

○ 각복위各復位: 모두 제자리에 돌아가시오.

■ **행참신례**行參神禮: **신에게 참배하는 예**

○ 찬인인헌관급제생입취배위贊引引獻官及諸生入就拜位

: 찬인은 헌관을 비롯한 제례에 참여한 모든 사람을 인도하여 절하는 자리로 안내
하시오.

○ 개재배皆再拜: 모두 두 번 절을 하시오.

○ 국궁鞠躬: 몸을 굽히시오.

○ 배拜: 절하시오.

○ 흥興: 허리를 펴서 세우시오.

○ 배拜: 절하시오.

○ 흥興: 허리를 펴서 세우시오.

○ 평신平身: 헌관과 모든 사람은 일어나 몸을 바로 하시오.

○ 찬인진헌관지좌백근구청행사贊引進獻官之左白謹具請行事

: 찬인은 헌관의 왼편에 나아가 행사를 봉행할 것을 아뢰시오.

■ **행전폐례**行奠幣禮: **폐백을 드리는 예**

○ 찬인인초헌관예관세위贊引引初獻官詣盥洗位

　: 찬인은 초헌관을 손 씻는 자리로 인도하시오.

○ 진홀搢笏: 홀을 띠에 꽂으시오.

○ 관수盥手: 손을 씻으시오.

○ 세수帨手: 손을 닦으시오.

○ 집홀執笏: 홀을 손에 잡으시오.

○ 인예산신신위전因詣山神神位前

　: 찬인은 초헌관을 산신 신위 앞으로 인도하시오.

○ 북향립北向立: (초헌관은) 신위를 향해서 서시오.

○ 진찬陳饌: (초헌관은) 제수가 잘못된 것이나 빠진 것이 있는지 확인하시오.

○ 궤跪: (초헌관은) 꿇어앉으시오.

○ 진홀搢笏: (초헌관은) 홀을 띠에 꽂으시오.

○ 봉향봉로승奉香奉爐陞: 향과 향로를 담당한 집사는 향을 피우는 곳으로 나아가시오.

○ 삼상향三上香: (초헌관은) 향을 세 번 올리시오.

○ 헌폐獻幣: 집사는 폐백을 헌관에게 전하시오.

○ 집폐執幣: 초헌관은 폐백을 받으시오.

○ 전폐奠幣: 집사는 헌관의 폐백을 받아 신위 앞에 올리시오.

○ 집홀執笏: 홀을 손에 잡으시오.

○ 부복俯伏: 허리를 굽혀 엎드리시오.

○ 흥興: 허리를 펴서 세우시오.

○ 평신平身: 일어나 몸을 바로 하시오.

○ 인강복위引降復位: 초헌관은 물러나 제자리로 돌아가시오.

■ **행초헌례**行初獻禮: **초헌관이 드리는 예**

○ 찬인인초헌관인예산신신위전贊引引初獻官因詣山神神位前

: 찬인은 초헌관을 산신 신위 앞으로 인도하시오.

○ 북향립北向立: (초헌관은) 신위를 향해서 서시오.

○ 궤跪: (초헌관은) 꿇어앉으시오.

○ 진홀搢笏: (초헌관은) 홀을 띠에 꽂으시오.

○ 사준거멱작주司樽擧冪酌酒: 제주를 담당하는 집사는 술병을 열고 술을 잔에 부으
시오.

○ 봉작전작승奉爵奠爵陞: 봉작과 전작을 맡은 집사는 술을 올리는 곳으로 나아가시오.

○ 헌작獻爵: 봉작은 술잔을 초헌관에게 드리시오.

○ 집작執爵: 초헌관은 술잔을 받으시오.

○ 전작奠爵: 전작은 초헌관의 술잔을 받아 신위 앞에 올리시오.

○ 계개啓蓋: 덮개가 있는 제물의 덮개를 여시오.

○ 정저正箸: 젓가락을 신위 앞에 바로 놓으시오.

○ 재위자개부복在位者皆俯伏

: 제례에 참석한 모든 사람은 허리를 굽혀 엎드리시오.

○ 축이진초헌관지좌동향궤독축祝以進初獻官之左東向跪讀祝

: 축관은 초헌관의 왼쪽에 나아가 동쪽을 향하여 꿇어앉아 축문을 읽으시오.

○ 집홀執笏: 홀을 손에 잡으시오.

○ 부복俯伏: 허리를 굽혀 엎드리시오.

○ 헌관급재위자개흥獻官及在位者皆興: 헌관과 제례에 참석한 모든 사람은 허리를 펴
서 세우시오.

○ 평신平身: (제례에 참여한 모든 사람은) 일어나 몸을 바로 하시오.

○ 인강복위引降復位: (초헌관은) 물러나 제자리로 돌아가시오.

○ 철작撤爵: (집사는) 술잔을 물리시오.

■ 行亞獻禮(행아헌례): 아헌관이 드리는 예

○ 찬인인아헌관예관세위贊引引亞獻官詣盥洗位

: 찬인은 아헌관을 손 씻는 자리로 인도하시오.

○ 진홀揣笏: 홀을 띠에 꽂으시오.

○ 관수盥手: 손을 씻으시오.

○ 세수帨手: 손을 닦으시오.

○ 집홀執笏: 홀을 손에 잡으시오.

○ 인예산신신위전因詣山神神位前

: 찬인은 아헌관을 산신 신위 앞으로 인도하시오.

○ 북향립北向立: (아헌관은) 신위를 향해서 서시오.

○ 궤跪: 꿇어앉으시오.

○ 진홀揣笏: 홀을 띠에 꽂으시오.

○ 사준거멱작주司樽擧冪酌酒: 제주를 담당하는 집사는 술병을 열고 술을 잔에 부으시오.

○ 봉작전작승奉爵奠爵陞: 봉작과 전작을 맡은 집사는 술을 올리는 곳으로 나아가시오.

○ 헌작獻爵: 봉작은 술잔을 아헌관에게 드리시오.

○ 집작執爵: 아헌관은 술잔을 받으시오.

○ 전작奠爵: 전작은 아헌관의 술잔을 받아 신위 앞에 올리시오.

○ 집홀執笏: 홀을 손에 잡으시오.

○ 부복俯伏: 허리를 굽혀 엎드리시오.

○ 흥興: 허리를 펴서 세우시오.

○ 평신平身: 일어나 몸을 바로 하시오.

○ 인강복위引降復位: 아헌관은 물러나 제자리로 돌아가시오.

○ 철작撤爵: 집사는 술잔을 물리시오.

■ **행종헌례**行終獻禮: **종헌관이 드리는 예**

○ 찬인인종헌관예관세위贊引引終獻官詣盥洗位

: 찬인은 종헌관을 손 씻는 자리로 인도하시오.

○ 진홀搢笏: 홀을 띠에 꽂으시오.

○ 관수盥手: 손을 씻으시오.

○ 세수帨手: 손을 닦으시오.

○ 집홀執笏: 홀을 손에 잡으시오.

○ 인예산신신위전因詣山神神位前: 찬인은 종헌관을 산신 신위 앞으로 인도하시오.

○ 북향립北向立: (종헌관은) 신위를 향해서 서시오.

○ 궤跪: 꿇어앉으시오.

○ 진홀搢笏: 홀을 띠에 꽂으시오.

○ 사준거멱작주司樽擧冪酌酒: 제주를 담당하는 집사는 술병을 열고 술을 잔에 부으시오.

○ 봉작전작승奉爵奠爵陞: 봉작과 전작을 맡은 집사는 술을 올리는 곳으로 나아가시오.

○ 헌작獻爵: 봉작은 술잔을 종헌관에게 드리시오.

○ 집작執爵: 종헌관은 술잔을 받으시오.

○ 전작奠爵: 전작은 종헌관의 술잔을 받아 신위 앞에 올리시오.

○ 삽시揷匙: 집사는 숟가락을 메에 꽂으시오.

○ 집홀執笏: 홀을 손에 잡으시오.

○ 부복俯伏: 허리를 굽혀 엎드리시오.

○ 흥興: 허리를 펴서 세우시오.

○ 평신平身: 일어나 몸을 바로 하시오.

○ 인강복위引降復位: 종헌관은 물러나 제자리로 돌아가시오.

○ 헌관개재배獻官皆再拜: 모든 헌관은 두 번 절을 하시오.

○ 국궁鞠躬: 모든 헌관은 몸을 굽히시오.

○ 배拜: 절하시오.

○ 흥興: 허리를 펴서 세우시오.

○ 배拜: 절하시오.

○ 흥興: 허리를 펴서 세우시오.

○ 평신平身: 모든 헌관은 일어나 몸을 바로 하시오.

■ 행망료례行望燎禮: 폐백과 축문을 소각하는 예

○ 찬인인초헌관예망료위贊引引初獻官詣望燎位

　: 찬인은 초헌관을 폐백과 축문을 소각하는 자리로 인도하시오.

○ 축이비취축급폐강자서개출祝以篚取祝及幣降自西階出

　: 대축은 광주리에 축문과 폐백을 담아 서쪽 계단으로 나아가시오.

○ 치어감置於坎: 소각할 수 있도록 파놓은 구덩이에 갖다 놓으시오.

○ 가료可燎: 축문과 폐백을 소각하시오.

○ 인강복위引降復位: 초헌관과 대축은 제자리로 돌아가시오.

■ 행사신례行辭神禮: 신을 보내는 예

○ 하시저下匙箸: 집사는 숟가락과 젓가락을 물리시오.

○ 합개合蓋: 집사는 제물의 뚜껑을 덮으시오.

○ 축철찬祝撤饌: 축관은 제수를 물리시오.

○ 찬인진헌관지좌백예필贊引進獻官之左白禮畢

　: 찬인은 헌관 왼쪽에 나아가 예가 끝난 것을 알리시오.

○ 헌관급제생개재배獻官及諸生皆再拜: 헌관과 제례에 참여한 모든 사람은 두 번 절하시오.

○ 국궁鞠躬: 헌관과 모든 사람은 몸을 굽히시오.

○ 배拜: 절하시오.

○ 흥興: 허리를 펴서 세우시오.

○ 배拜: 절하시오.

○ 흥興: 허리를 펴서 세우시오.

○ 평신平身: 헌관과 모든 사람은 일어나 몸을 바로 하시오.

○ 헌관급제생이차출獻官及諸生以次出: 헌관과 제례에 참여한 모든 사람은 나가시오.

○ 예축급제집사개재배禮祝及諸執事皆再拜: 집례와 축관을 비롯한 제집사는 두 번 절하시오.

○ 국궁鞠躬: 몸을 굽히시오.

○ 배拜: 절하시오.

○ 흥興: 허리를 펴서 세우시오.

○ 배拜: 절하시오.

○ 흥興: 허리를 펴서 세우시오.

○ 평신平身: 일어나 몸을 바로 하시오.

○ 합문이퇴闔門而退: 문을 닫고 물러 나오시오.

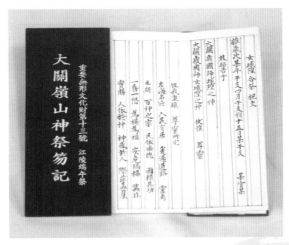

〈대관령산신제 홀기〉

3) 축문

維 歲次 某年干支 陰四月某干支朔 十五日某干支 某官某 敢昭告于
유 세차 모년간지 음사월모간지삭 십오일모간지 모관모 감소고우

○○년 ○○간지 4월 ○○간지 십오일 ○○간지 ○○○○(직책)
○○○(아무개) 대관령산신에게 엎드려 아룁니다.

大關嶺山神之神

대관령산신지신

伏惟尊靈 重鎭大東 保佑我人

복유존령 중진대동 보우아인

엎드려 생각하니 산신님께서는 영동지방에 있어 중요한 자리에 계시면서 저희들을
보살피고 있습니다.

莫非神功 出雲興雨 除惡去災

막비신공 출운흥우 제악거재

구름을 일게 하여 비를 내리게 하고, 악을 제거하고 재앙을 물리치시는 것도
신의 공이 아닌 것이 없습니다.

我民報祀 永世無怠 謹以 淸酌脯醯 祇薦于神 尙　 饗

아민보사 영세무태 근이 청작포혜 기천우신 상　　향

저희들은 영세토록 게으름 없이 신에게 제사를 올려 보답하고자 삼가 맑은 술과 제
수를 공손히 올리오니 흠향하시옵소서.

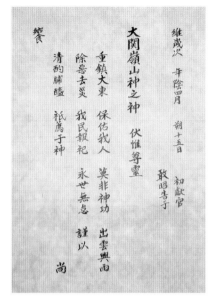

〈대관령산신제 축문〉

다. 대관령국사성황제

1) 의의

대관령국사성황신은 강릉단오제의 주신으로 신라하대의 고승 범일국사로 알려져 있

다. 오전 11시에 대관령국사성황사에서 유교식 제례를 지낸다. 대관령국사성황신은 강릉단오제의 주신인 연유로 초헌관은 강릉시장이 맡는다.

2) 홀기

○ 헌관급제집사구취문외위獻官及諸執事俱就門外位

　: 헌관과 모든 집사는 제사 지낼 준비를 갖추고 문밖 제자리에 서시오.

○ 찬인인예축급제집사입취배위贊引引禮祝及諸執事入就拜位

　: 찬인은 집례와 축관을 비롯한 제집사를 인도하여 절하는 자리에 나아가시오.

○ 개사배皆四拜: 제집사는 모두 네 번 절을 하시오.

○ 국궁鞠躬: 몸을 굽히시오.

○ 배拜: 절하시오.

○ 흥興: 허리를 펴서 세우시오.

○ 배拜: 절하시오.

○ 흥興: 허리를 펴서 세우시오.

○ 배拜: 절하시오.

○ 흥興: 허리를 펴서 세우시오.

○ 배拜: 절하시오.

○ 흥興: 허리를 펴서 세우시오.

○ 평신平身: 일어나 몸을 바로 하시오.

○ 예관세위詣盥洗位: 찬인은 집례와 축관을 비롯한 제집사를 손 씻는 자리로 안내 하시오.

○ 관수盥手: 손을 씻으시오.

○ 세수帨手: 손을 닦으시오.

○ 각취위各就位: 모두 제자리에 돌아가시오.

■ **행참신례**行參神禮: 신에게 참배하는 예

○ 찬인인헌관급제생입취배위贊引引獻官及諸生入就拜位
: 찬인은 헌관을 비롯한 제례에 참여한 모든 사람을 인도하여 절하는 자리로 안내
하시오.

○ 개사배皆四拜: 모두 네 번 절을 하시오.

○ 국궁鞠躬: 몸을 굽히시오.

○ 배拜: 절하시오.

○ 흥興: 허리를 펴서 세우시오.

○ 배拜: 절하시오.

○ 흥興: 허리를 펴서 세우시오.

○ 배拜: 절하시오.

○ 흥興: 허리를 펴서 세우시오.

○ 배拜: 절하시오.

○ 흥興: 허리를 펴서 세우시오.

○ 평신平身: 헌관과 모든 사람은 일어나 몸을 바로 하시오.

○ 찬인진헌관지좌백근구청행사贊引進獻官之左白謹具請行事
: 찬인은 헌관의 왼편에 나아가 행사를 봉행할 것을 아뢰시오.

■ **행전폐례**行奠幣禮: 폐백을 드리는 예

○ 찬인인초헌관예관세위贊引引初獻官詣盥洗位
: 찬인은 초헌관을 손 씻는 자리로 인도하시오.

○ 진홀搢笏: 홀을 띠에 꽂으시오.

○ 관수盥手: 손을 씻으시오.

○ 세수帨手: 손을 닦으시오.

○ 집홀執笏: 홀을 손에 잡으시오.

○ 인예국사성황신위전因詣國師城隍神位前

: 찬인은 초헌관을 국사성황 신위 앞으로 인도하시오.

○ 북향립北向立: 초헌관은 신위를 향해서 서시오.

○ 진찬陳饌: 초헌관은 제수가 잘못된 것이나 빠진 것이 있는지 확인하시오.

○ 궤跪: 꿇어앉으시오.

○ 진홀搢笏: 홀을 띠에 꽂으시오.

○ 봉향봉로승奉香奉爐陞

: 향과 향로를 담당한 집사는 향을 피우는 곳으로 나아가시오.

○ 삼상향三上香: 향을 세 번 올리시오.

○ 헌폐獻幣: 집사는 폐백을 헌관에게 전하시오.

○ 집폐執幣: 초헌관은 폐백을 받으시오.

○ 전폐奠幣: 집사는 헌관의 폐백을 받아 신위 앞에 올리시오.

○ 집홀執笏: 홀을 손에 잡으시오.

○ 부복俯伏: 허리를 굽혀 엎드리시오.

○ 흥興: 허리를 펴서 세우시오.

○ 평신平身: 일어나 몸을 바르게 하시오.

○ 인강복위引降復位: 초헌관은 물러나 제자리로 돌아가시오.

■ **행초헌례**行初獻禮: **초헌관이 드리는 예**

○ 찬인인초헌관인예국사성황신위전贊引引初獻官因詣國師城隍神位前

: 찬인은 초헌관을 국사성황 신위 앞으로 인도하시오.

○ 북향립北向立: 초헌관은 신위를 향해서 서시오.

○ 궤跪: 초헌관은 꿇어앉으시오.

○ 진홀搢笏: 홀을 띠에 꽂으시오.

○ 사준거멱작주司樽擧羃酌酒: 제주를 담당하는 집사는 술병을 열고 술을 잔에 부으시오.

○ 봉작전작승奉爵奠爵陞: 봉작과 전작을 맡은 집사는 술을 올리는 곳으로 나아가시오.

○ 헌작獻爵: 봉작은 술잔을 초헌관에게 드리시오.

○ 집작執爵: 초헌관은 술잔을 받으시오.

○ 전작奠爵: (전작은) 초헌관의 술잔을 받아 신위 앞에 올리시오.

○ 정저正箸: 젓가락을 신위 앞에 바로 놓으시오.

○ 계개啓蓋: 덮개가 있는 제물의 덮개를 여시오.

○ 부복俯伏: 허리를 굽혀 엎드리시오.

○ 흥興: 허리를 펴서 세우시오.

○ 소퇴少退: 뒤로 조금 물러나시오.

○ 궤跪: 꿇어앉으시오.

○ 재위자개부복在位者皆俯伏: 제례에 참석한 모든 사람은 허리를 굽혀 엎드리시오.

○ 축이진초헌관지좌동향궤독축祝以進初獻官之左東向跪讀祝

: 축관은 초헌관의 왼쪽에 나아가 동쪽을 향하여 꿇어앉아 축문을 읽으시오.

○ 집홀執笏: 홀을 손에 잡으시오.

○ 부복俯伏: 허리를 굽혀 엎드리시오.

○ 헌관급재위자개흥獻官及在位者皆興: 헌관과 제례에 참여한 모든 사람은 허리를 펴서 세우시오.

○ 평신平身: 일어나 몸을 바로 하시오.

○ 인강복위引降復位: 초헌관은 물러나 제자리로 돌아가시오.

○ 철작撤爵: 집사는 술잔을 물리시오.

■ **행아헌례**行亞獻禮: 아헌관이 드리는 예

○ 찬인인아헌관예관세위贊引引亞獻官詣盥洗位

: 찬인은 아헌관을 손 씻는 자리로 인도하시오.

○ 진홀搢笏: 홀을 띠에 꽂으시오.

○ 관수盥手: 손을 씻으시오.

○ 세수帨手: 손을 닦으시오.

○ 집홀執笏: 홀을 손에 잡으시오.

○ 인예국사성황신위전因詣國師城隍神位前

　　: 찬인은 아헌관을 국사성황 신위 앞으로 인도하시오.

○ 북향립北向立: 신위를 향해서 서시오.

○ 궤跪: 꿇어앉으시오.

○ 진홀搢笏: 홀을 띠에 꽂으시오.

○ 사준거멱작주司樽擧羃酌酒: 제주를 담당하는 집사는 술병을 열고 술을 잔에 부으
시오.

○ 봉작전작승奉爵奠爵陞: 봉작과 전작을 맡은 집사는 술을 올리는 곳으로 나아가시오.

○ 헌작獻爵: 봉작은 술잔을 아헌관에게 드리시오.

○ 집작執爵: 아헌관은 술잔을 받으시오.

○ 전작奠爵: 전작은 아헌관의 술잔을 받아 신위 앞에 올리시오.

○ 집홀執笏: 홀을 손에 잡으시오.

○ 부복俯伏: 허리를 굽혀 엎드리시오.

○ 흥興: 허리를 펴서 세우시오.

○ 평신平身: 일어나 몸을 바로 하시오.

○ 인강복위引降復位: 아헌관은 물러나 제자리로 돌아가시오.

○ 철작撤爵: 집사는 술잔을 물리시오.

■ **행종헌례**行終獻禮: **종헌관이 드리는 예**

○ 찬인인종헌관예관세위贊引引終獻官詣盥洗位

　　: 찬인은 종헌관을 손 씻는 자리로 인도하시오.

○ 진홀搢笏: 홀을 띠에 꽂으시오.

○ 관수盥手: 손을 씻으시오.

○ 세수帨手: 손을 닦으시오.

○ 집홀執笏: 홀을 손에 잡으시오.

○ 인예국사성황신위전因詣國師城隍神位前

　: 찬인은 종헌관을 국사성황 신위 앞으로 인도하시오.

○ 북향립北向立: 신위를 향해서 서시오.

○ 궤跪: 꿇어앉으시오.

○ 진홀搢笏: 홀을 띠에 꽂으시오.

○ 사준거멱작주司樽擧冪酌酒: 제주를 담당하는 집사는 술병을 열고 술을 잔에 부으

　시오.

○ 봉작전작승奉爵奠爵陞

　: 봉작과 전작을 맡은 집사는 술을 올리는 곳으로 나아가시오.

○ 헌작獻爵: 봉작은 술잔을 종헌관에게 드리시오.

○ 집작執爵: 종헌관은 술잔을 받으시오.

○ 전작奠爵: 전작은 종헌관의 술잔을 받아 신위 앞에 올리시오.

○ 삽시揷匙: 집사는 숟가락을 메에 꽂으시오.

○ 집홀執笏: 홀을 손에 잡으시오.

○ 부복俯伏: 허리를 굽혀 엎드리시오.

○ 흥興: 허리를 펴서 세우시오.

○ 평신平身: 일어나 몸을 바로 하시오.

○ 인강복위引降復位: 종헌관은 물러나 제자리로 돌아가시오.

○ 헌관사배獻官四拜: 모든 헌관은 네 번 절을 하시오.

○ 국궁鞠躬: 헌관은 몸을 굽히시오.

○ 배拜: 절하시오.

○ 흥興: 허리를 펴서 세우시오.

○ 배拜: 절하시오.

○ 흥興: 허리를 펴서 세우시오.

○ 배拜: 절하시오.

○ 흥興: 허리를 펴서 세우시오.

○ 배拜: 절하시오.

○ 흥興: 허리를 펴서 세우시오.

○ 평신平身: 모든 헌관은 일어나 몸을 바로 하시오.

■ **행음복례**行飮福禮: **음복하는 예**

○ 찬인인초헌관예음복위贊引引初獻官詣飮福位

　: 찬인은 초헌관을 음복하는 자리로 인도하시오.

○ 서향궤西向跪: 초헌관은 서쪽을 향하여 꿇어앉으시오.

○ 진홀搢笏: 홀을 띠에 꽂으시오.

○ 집사자작복주執事者酌福酒: 제주를 담당하는 집사는 술잔에 술을 따르시오.

○ 대축진감신위전조육大祝進減神位前胙肉

　: 대축은 신위 앞에 나아가 제사 지낸 고기를 덜어오시오.

○ 진헌관지좌북향궤進獻官之左北向跪

　: 대축은 헌관의 왼쪽에 나아가 북쪽을 향해서 꿇어앉으시오.

○ 이작수헌관以爵授獻官: 대축은 술잔을 헌관에게 드리시오.

○ 헌관수작獻官受爵: 초헌관은 술잔을 받으시오.

○ 음쵀작飮啐爵: 초헌관은 술을 맛보시오.

○ 대축수작大祝受爵: 대축은 술잔을 돌려 받으시오.

○ 이조수헌관以胙授獻官: 대축은 제사지낸 고기를 헌관에게 드리시오.

○ 헌관수조獻官受胙: 헌관은 제사지낸 고기를 받으시오.

○ 환수대축還授大祝: 초헌관은 대축에게 고기를 돌려주시오.

○ 대축수조大祝受胙: 대축은 고기를 받으시오.

○ 복어준소復於樽所: 대축은 술잔과 고기를 술을 따랐던 곳에 갖다 놓으시오.

○ 집홀執笏: 홀을 손에 드시오.

○ 부복俯伏: 허리를 굽혀 엎드리시오.

○ 흥興: 허리를 펴서 세우시오.

○ 평신平身: 일어나 몸을 바로 하시오.

○ 인강복위引降復位: 물러나 제자리로 돌아가시오.

■ 행망료례行望燎禮: 폐백과 축문을 소각하는 예

○ 찬인인초헌관예망료위贊引引初獻官詣望燎位

: 찬인은 초헌관을 폐백과 축문을 소각하는 자리로 인도하시오.

○ 축이비취축급폐강자서개출祝以篚取祝及幣降自西階出

: 대축은 광주리에 축문과 폐백을 담아 서쪽 계단으로 나아가시오.

○ 치어감置於坎: 소각할 수 있도록 파놓은 구덩이에 갖다 놓으시오.

○ 가료可燎: 축문과 폐백을 소각하시오.

○ 인강복위引降復位: 초헌관과 대축은 제자리로 돌아가시오.

■ 행사신례行辭神禮: 신을 보내는 예

○ 하시저下匙箸: 집사는 숟가락과 젓가락을 물리시오.

○ 합개合蓋: 집사는 제물의 뚜껑을 덮으시오.

○ 찬인진헌관지좌백예필贊引進獻官之左白禮畢

: 찬인은 헌관 왼쪽에 나아가 예가 끝난 것을 알리시오.

○ 헌관급제생개사배獻官及諸生皆四拜: 헌관과 제례에 참여한 모든 사람은 네 번 절하시오.

○ 국궁鞠躬: 헌관과 모든 사람은 몸을 굽히시오.

○ 배拜: 절하시오.

○ 흥興: 허리를 펴서 세우시오.

○ 배拜: 절하시오.

○ 흥興: 허리를 펴서 세우시오.

○ 배拜: 절하시오.

○ 흥興: 허리를 펴서 세우시오.

○ 배拜: 절하시오.

○ 흥興: 허리를 펴서 세우시오.

○ 평신平身: 헌관과 모든 사람은 일어나 몸을 바로 하시오.

○ 헌관급제생이차출獻官及諸生以次出: 헌관과 제례에 참여한 모든 사람은 나가시오.

○ 예축급제집사개사배禮祝及諸執事皆四拜

　: 집례와 축관을 비롯한 제집사는 네 번 절을 하시오.

○ 국궁鞠躬: 몸을 굽히시오.

○ 배拜: 절하시오.

○ 흥興: 허리를 펴서 세우시오.

○ 배拜: 절하시오.

○ 흥興: 허리를 펴서 세우시오.

○ 배拜: 절하시오.

○ 흥興: 허리를 펴서 세우시오.

○ 배拜: 절하시오.

○ 흥興: 허리를 펴서 세우시오.

○ 평신平身: 일어나 몸을 바로 하시오.

○ 철찬합문이출撤饌闔門而出: 제물를 물리고 문을 닫고 물러 나오시오.

〈대관령국사성황제 홀기〉

3) 홀기별 제례 과정

○ 헌관급제집사구취문외위獻官及諸執事俱就門外位

　: 헌관과 모든 집사는 제사 지낼 준비를 갖추고 문밖 제자리에 서시오.

○ 찬인인예축급제집사입취배위贊引引禮祝及諸執事入就拜位

　: 찬인은 집례와 축관을 비롯한 제집사를 인도하여 절하는 자리에 나아가시오.

○ 개사배皆四拜: 제집사는 모두 네 번 절을 하시오.

○ 국궁鞠躬: 몸을 굽히시오.

○ 배拜: 절하시오.

○ 흥興: 허리를 펴서 세우시오.

○ 배拜: 절하시오.

○ 흥興: 허리를 펴서 세우시오.

○ 배拜: 절하시오.

○ 흥興: 허리를 펴서 세우시오.

○ 배拜: 절하시오.

○ 흥興: 허리를 펴서 세우시오.

○ 평신平身: 일어나 몸을 바로 하시오.

○ 예관세위詣盥洗位: 찬인은 집례와 축관을 비롯한 제집사를 손 씻는 자리로 안내하시오.

○ 관수盥手: 손을 씻으시오.

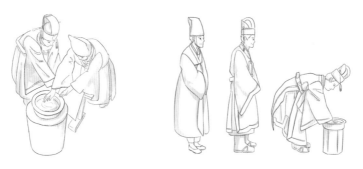

○ 세수帨手: 손을 닦으시오.

○ 각취위各就位: 모두 제자리에 돌아가시오.

■ 행참신례行參神禮: 신에게 참배하는 예

　○ 찬인인헌관급제생입취배위贊引引獻官及諸生入就拜位

　　: 찬인은 헌관을 비롯한 제례에 참여한 모든 사람을 인도하여 절하는 자리로 안내

　　하시오.

　○ 개사배皆四拜: 모두 네 번 절을 하시오.

　○ 국궁鞠躬: 몸을 굽히시오.

　○ 배拜: 절하시오.

　○ 흥興: 허리를 펴서 세우시오.

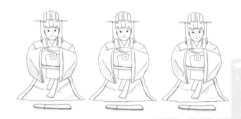

　○ 배拜: 절하시오.

　○ 흥興: 허리를 펴서 세우시오.

　○ 배拜: 절하시오.

　○ 흥興: 허리를 펴서 세우시오.

　○ 배拜: 절하시오.

○ 흥興: 허리를 펴서 세우시오.

○ 평신平身: 헌관과 모든 사람은 일어나 몸을 바로 하시오.

○ 찬인진헌관지좌백근구청행사贊引進獻官之左白謹具請行事

: 찬인은 헌관의 왼편에 나아가 행사를 봉행할 것을 아뢰시오.

■ **행전폐례**行奠幣禮: **폐백을 드리는 예**

○ 찬인인초헌관예관세위贊引引初獻官詣盥洗位

: 찬인은 초헌관을 손 씻는 자리로 인도하시오.

○ 진흘搢笏: 홀을 띠에 꽂으시오.

○ 관수盥手: 손을 씻으시오.

○ 세수帨手: 손을 닦으시오.

○ 집홀執笏: 홀을 손에 잡으시오.

○ 인예국사성황신위전因詣國師城隍神位前: 찬인은 초헌관을 국사성황 신위 앞으로
  인도하시오.

○ 북향립北向立: 신위를 향해 서시오.

○ 진찬陳饌: 초헌관은 제수가 잘못된 것이나 빠진 것이 있는지 확인하시오.

○ 궤跪: 꿇어앉으시오.

○ 진홀搢笏: 홀을 띠에 꽂으시오.

○ 봉향봉로승奉香奉爐陞: 향과 향로를 담당한 집사는 향을 피우는 곳으로 나아가시오.

○ 삼상향三上香: 향을 세 번 올리시오.

○ 헌폐獻幣: 집사는 폐백을 헌관에게 전하시오.

○ 집폐執幣: 초헌관은 폐백을 받으시오.

○ 전폐奠幣: 집사는 헌관의 폐백을 받아 신위 앞에 올리시오.

○ 집홀執笏: 홀을 손에 잡으시오.

○ 부복俯伏: 허리를 굽혀 엎드리시오.

○ 흥興: 허리를 펴서 세우시오.

○ 평신平身: 일어나 몸을 바르게 하시오.

○ 인강복위引降復位: 초헌관은 물러나 제자리로 돌아가시오.

■ **행초헌례**行初獻禮: **초헌관이 드리는 예**

○ 찬인인초헌관인예국사성황신위전贊引引初獻官因詣國師城隍神前

　: 찬인은 초헌관을 국사성황 신위 앞으로 인도하시오.

○ 북향립北向立: 신위를 향해서 서시오.

○ 궤궤跪: 꿇어앉으시오.

○ 진홀搢笏: 홀을 띠에 꽂으시오.

○ 사준거멱작주司尊擧冪酌酒: 제주를 담당하는 집사는 술병을 열고 술을 잔에 부으시오.

○ 봉작전작승奉爵奠爵陞: 봉작과 전작을 맡은 집사는 술을 올리는 곳으로 나아가시오.

○ 헌작獻爵: 봉작은 술잔을 초헌관에게 드리시오.

○ 집작執爵: 초헌관은 술잔을 받으시오.

○ 전작奠爵: 전작은 초헌관의 술잔을 받아 신위 앞에 올리시오.

○ 정저正箸: 젓가락을 신위 앞에 바로 놓으시오.

○ 계개啓蓋: 덮개가 있는 제물의 덮개를 여시오.

○ 부복俯伏: 허리를 굽혀 엎드리시오.

○ 흥興: 허리를 펴서 세우시오.

○ 소퇴少退: 뒤로 조금 물러나시오.

○ 궤跪: 꿇어앉으시오.

○ 재위자개부복在位者皆俯伏: 제례에 참석한 모든 사람은 허리를 굽혀 엎드리시오.

○ 축이진초헌관지좌동향궤독축祝以進初獻官之左東向跪讀祝

　: 축관은 초헌관의 왼쪽에 나아가 동쪽을 향하여 꿇어앉아 축문을 읽으시오.

○ 집홀執笏: 홀을 손에 잡으시오.

○ 부복俯伏: 허리를 굽혀 엎드리시오.

○ 헌관급재위자개흥獻官及在位者皆興: 헌관과 제례에 참여한 모든 사람은 허리를 펴서 세우시오.

○ 평신平身: 일어나 몸을 바로 하시오.

○ 인강복위引降復位: 초헌관은 물러나 제자리로 돌아가시오.

○ 철작撤爵: 집사는 술잔을 물리시오.

■ **행아헌례行亞獻禮: 아헌관이 드리는 예**

○ 찬인인아헌관예관세위贊引引亞獻官詣盥洗位

  : 찬인은 아헌관을 손 씻는 자리로 인도하시오.

○ 진홀搢笏: 홀을 띠에 꽂으시오.

○ 관수盥手: 손을 씻으시오.

○ 세수帨手: 손을 닦으시오.

○ 집홀執笏: 홀을 손에 잡으시오.

○ 인예국사성황신위전因詣國師城隍神位前

  : 찬인은 아헌관을 국사성황 신위 앞으로 인도하시오.

○ 북향립北向立: 신위를 향해 서시오.

○ 궤跪: 꿇어앉으시오.

○ 진홀搢笏: 홀을 띠에 꽂으시오.

○ 사준거멱작주司尊舉冪酌酒: 제주를 담당하는 집사는 술병을 열고 술을 잔에 부으시오.

○ 봉작전작승奉爵奠爵陞: 봉작과 전작을 맡은 집사는 술을 올리는 곳으로 나아가시오.

○ 헌작獻爵: 봉작은 술잔을 아헌관에게 드리시오.

○ 집작執爵: 아헌관은 술잔을 받으시오.

○ 전작奠爵: 전작은 아헌관의 술잔을 받아 신위 앞에 올리시오.

○ 집홀執笏: 홀을 손에 잡으시오.

○ 부복俯伏: 허리를 굽혀 엎드리시오.

○ 흥興: 허리를 펴서 세우시오.

○ 평신平身: 일어나 몸을 바로 하시오.

○ 인강복위引降復位: 아헌관은 물러나 제자리로 돌아가시오.

○ 철작撤爵: 집사는 술잔을 물리시오.

■ **행종헌례**行終獻禮: **종헌관이 드리는 예**

○ 찬인인종헌관예관세위贊引引終獻官詣盥洗位

　: 찬인은 종헌관을 손 씻는 자리로 인도하시오.

○ 진홀搢笏: 홀을 띠에 꽂으시오.

○ 관수盥手: 손을 씻으시오.

○ 세수帨手: 손을 닦으시오.

○ 집홀執笏: 홀을 손에 잡으시오.

○ 인예국사성황신위전因詣國師城隍神位前

　: 찬인은 종헌관을 국사성황 신위 앞으로 인도하시오.

○ 북향립北向立: 신위를 향해 서시오.

○ 궤跪: 꿇어앉으시오.

○ 진홀搢笏: 홀을 띠에 꽂으시오.

○ 사준거멱작주司尊擧羃酌酒: 제주를 담당하는 집사는 술병을 열고 술을 잔에 부으시오.

○ 봉작전작승奉爵奠爵陞: 봉작과 전작을 맡은 집사는 술을 올리는 곳으로 나아가시오

○ 헌작獻爵: 봉작은 술잔을 종헌관에게 드리시오.

○ 집작執爵: 종헌관은 술잔을 받으시오.

○ 전작奠爵: 전작은 종헌관의 술잔을 받아 신위 앞에 올리시오.

○ 삽시揷匙: 집사는 숟가락을 메에 꽂으시오

○ 집홀執笏: 홀을 손에 잡으시오.

○ 부복俯伏: 허리를 굽혀 엎드리시오.

○ 흥興: 허리를 펴서 세우시오.

○ 평신平身: 종헌관은 일어나 몸을 바로 하시오.

○ 인강복위引降復位: 종헌관은 물러나 제자리로 돌아가시오.

○ 헌관사배獻官四拜: 모든 헌관은 네 번 절을 하시오.

○ 국궁鞠躬: 모든 헌관은 몸을 굽히시오.

○ 배拜: 절하시오.

○ 흥興: 허리를 펴서 세우시오.

○ 배拜: 절하시오.

○ 흥興: 허리를 펴서 세우시오.

○ 배拜: 절하시오.

○ 흥興: 허리를 펴서 세우시오.

○ 배拜: 절하시오.

○ 흥興: 허리를 펴서 세우시오.

○ 평신平身: 모든 헌관은 일어나 몸을 바로 하시오.

■ **행음복례**行飮福禮: **음복하는 예**

○ 찬인인초헌관예음복위贊引引初獻官詣飮福位

　: 찬인은 초헌관을 음복하는 자리로 인도하시오.

○ 서향궤西向跪: 초헌관은 서쪽을 향하여 꿇어앉으시오.

○ 진홀搢笏: 홀을 띠에 꽂으시오.

○ 집사자작복주執事者酌福酒: 제주를 담당하는 집사는 술잔에 술을 따르시오.

○ 대축진감신위전조육大祝進減神位前胙肉: 대축은 신위 앞에 나아가 제사 지낸 고기를 덜어오시오.

○ 진헌관지좌북향궤進獻官之左北向跪: 대축은 헌관의 왼쪽에 나아가 북쪽을 향해서 꿇어앉으시오.

○ 이작수헌관以爵授獻官: 대축은 술잔을 헌관에게 드리시오.

○ 헌관수작獻官受爵: 초헌관은 술잔을 받으시오.

○ 음쵀작飮啐爵: 초헌관은 술을 맛보시오.

○ 대축수작大祝受爵: 대축은 술잔을 돌려 받으시오.

○ 이조수헌관以胙授獻官: 대축은 제사 지낸 고기를 헌관에게 드리시오.

○ 헌관수조獻官受胙: 헌관은 제사 지낸 고기를 받으시오.

○ 환수대축還授大祝: 초헌관은 대축에게 고기를 돌려주시오.

○ 대축수조大祝受胙: 대축은 고기를 받으시오.

○ 복어준소復於尊所: 대축은 술잔과 고기를 술을 따랐던 곳에 갖다 놓으시오.

○ 집홀執笏: 홀을 손에 드시오.

○ 부복俯伏: 허리를 굽혀 엎드리시오.

○ 흥興: 허리를 펴서 세우시오.

○ 평신平身: 일어나 몸을 바로 하시오.

○ 인강복위引降復位: 초헌관은 물러나 제자리로 돌아가시오.

■ 행망료례行望燎禮: 폐백과 축문을 소각하는 예

　○ 찬인인초헌관예망료위贊引引初獻官詣望燎位

　　: 찬인은 초헌관을 폐백과 축문을 소각하는 자리로 인도하시오.

　○ 축이비취축급폐강자서계출祝以篚取祝及幣降自西階出

　　: 대축은 광주리에 축문과 폐백을 담아 서쪽 계단으로 나아가시오.

　○ 치어감置於坎[1]: 소각할 수 있도록 파놓은 구덩이에 갖다 놓으시오.

　○ 가료可燎: 축문과 폐백을 소각하시오.

　○ 인강복위引降復位: (초헌관과 대축은) 제자리로 돌아가시오.

■ 행사신례行辭神禮: 신을 보내는 예

　○ 하시저下匙箸: 집사는 숟가락과 젓가락을 물리시오.

　○ 합개合蓋: 집사는 제물의 뚜껑을 덮으시오.

　○ 찬인진헌관지좌백예필贊引進獻官之左白禮畢

1　축문을 소각할 때 본디 구덩이를 파야하나 환경 훼손 및 화재발생 등을 고려하여 예감(반원으로 움푹 들어가게 제작한 화강암)에서 축문을 소각하고 있다.

: 찬인은 헌관 왼쪽에 나아가 예가 끝난 것을 알리시오.

○ 헌관급제생개사배獻官及諸生皆四拜

: 헌관과 제례에 참여한 모든 사람은 네 번 절하시오.

○ 국궁鞠躬: 몸을 굽히시오.

○ 배拜: 절하시오.

○ 흥興: 허리를 펴서 세우시오.

○ 배拜: 절하시오.

○ 흥興: 허리를 펴서 세우시오.

○ 배拜: 절하시오.

○ 흥興: 허리를 펴서 세우시오.

○ 배拜: 절하시오.

○ 흥興: 허리를 펴서 세우시오.

○ 평신平身: 일어나 몸을 바로 하시오.

○ 헌관급제생이차출獻官及諸生以次出

: 헌관과 제례에 참여한 모든 사람은 나가시오.

○ 예축급제집사개사배禮祝及諸執事皆四拜

: 집례와 축관을 비롯한 제집사는 네 번 절을 하시오.

○ 국궁鞠躬: 몸을 굽히시오.

○ 배拜: 절하시오.

○ 흥興: 허리를 펴서 세우시오.

○ 배拜: 절하시오.

○ 흥興: 허리를 펴서 세우시오.

○ 배拜: 절하시오.

○ 흥興: 허리를 펴서 세우시오.

○ 배拜: 절하시오.

○ 흥興: 허리를 펴서 세우시오.

○ 평신平身: 일어나 몸을 바로 하시오.

○ 철찬합문이출撤饌闔門而出: 제물을 물리고 문을 닫고 물러 나오시오.

4) 축문

維 歲次 某年干支 陰四月某干支朔 十五日某干支 某官某 敢昭告于
유 세차 모년간지 음사월모간지삭 십오일모간지 모관모 감소고우

○○년 ○○간지 4월 ○○간지 십오일 ○○간지 ○○○○(직책)
○○○(아무개)는 대관령국가성황신에게 감히 아뢰옵니다.

大關嶺國師城隍之神
대관령국사성황지신

伏惟尊靈 位我重鎭 自麗至今 無替[2]精禋

복유존령 위아중진 자려지금 무체 정인

엎드려 생각하니 국사성황님께서는 저희들에 있어 중요한 자리에 계십니다. 고려 때부터 오늘에 이르기까지 정성을 다하여 올리는 제사를 거른 적이 없습니다.

凡我有求 禱輒見應 際此孟夏 田事方興

범아유구 도첩현응 제차맹하 전사방흥

무릇 저희들은 국사성황님께 빌 때마다 감응하여 구원받았습니다.
이제 음력 4월이라 농사일이 바야흐로 흥성할 때입니다.

禦災防患 觸類降監 若時昭事 敢有不欽

어재방환 촉류강감 약시소사 감유불흠

재앙을 막아 근심걱정을 덜어 주십시오. 신께서는 하늘에 계시면서 손끝으로 만지듯이 인간 세계를 내려다보고 있는 것과 같이 모든 일에 소상하시니 감히 공경하지 않을 수 있겠습니까.

茲遵舊儀 載陳牲璧 神其度[3]斯 庶幾歆格　　尙　　饗

자준구의 재진생벽 신기탁사 서기흠격　　상　　향

2　갈마들 替
3　헤아릴 度

옛 법도를 따라 제수를 마련하여 올리오니 국사성황님께서는 이를 헤아려 흠향하시옵소서.

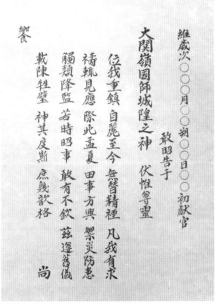

〈대관령국사성황제 축문〉

라. 신목 모시기 및 국사성황 행차

정조 10년(1786)에 편찬된 『임영지』속지續誌에는 "매년 4월 15일에 강릉부의 현직 호장戶長이 무당巫覡을 거느리고 대관령에 이르는데, 고개 위에는 신사神祠 한 칸이 있다. 호장이 신당 앞에 나가 고유告由하고 남자 무당으로 하여금 수목樹木 사이에서 신령스런 나무를 구해오라고 한다. 갑자기 회오리바람이 불어 가지와 잎이 절로 흔들리면 신령이 있는 바라 하여 나뭇가지 하나를 잘라 건장한 장정으로 하여금 받들게 했는데 이를 국사國師라 하였다. 행차할 때에는 피리를 불며 앞에서 인도하고, 무당들은 징을 울

리고 북을 치며 이를 따르며, 호장은 대창역의 말을 타고 뒤 따라 천천히 간다."고 전한
다. 이 기록은 현재의 모습과 별 차이가 없으나, 예전에는 걸어서 내려왔음을 알 수 있다.
국사성황신을 모시고 내려오는 사람들은 춤을 추고 산유화 또는 영산홍이라는 노래를
부르며 대관령을 내려온다.

마. 구산서낭제

　대관령에서 대관령국사성황신을 모시고 강릉으로 내려오던 행렬은 이곳 성산면 구
산리 서낭당에 잠시 들린다. 대관령국사성황신을 맞이한 마을에서는 이때에 맞춰 대관
령국사성황신을 함께 모시고 마을 서낭제를 지낸다. 서낭당 제단 가운데 대관령국사성

황신의 위패를 모시고 마을에서 준비한 간소한 제물을 올리고 유교식 제례를 지낸다. 또한 마을에서는 대관령국사성황신을 모셔오는 행렬을 위해 점심으로 비빔밥을 준비해 대접을 한다. 이곳에서 대관령국사성황신 행렬은 잠시 쉬며 점심을 먹고 양중(남무)들은 마당에서 지신을 밟고 마을의 안녕과 풍농을 기원하는 축원을 한다.

바. 학산서낭제

학산은 대관령국사성황신인 범일국사가 태어난 곳이다. 1999년부터 이곳에서 4월 보름에 대관령을 내려온 대관령국사성황신을 잠시 모셔 서낭제를 지내고 있다. 학산서낭제는 원래 있었던 행사가 아니었으나 대관령국사성황신이 자신의 고향마을에 잠시 들렀다 가는 것이 좋겠다는 의견을 수용해 1999년부터 시작하게 되었다. 마을에서 올리는 유교식 제례와 무녀의 서낭굿 한 석으로 진행된다.

사. 봉안제

1) 의의

대관령을 내려온 대관령국사성황신과 대관령국사여성황신은 구산과 학산을 들린 뒤 시내를 한 바퀴 돌고 이곳 대관령국사여성황사에 모셔진다. 4월 보름에 대관령국사성황신을 대관령국사여성황과 합사하여 모시는 이유는 이 날이 바로 정씨 처녀를 데려다가 혼인한 날이기 때문이다. 이때부터 두 분은 단오가 열리는 음력 5월 3일까지 홍제동 여성황사에서 함께 모셔지게 된다. 제례는 오후 6시에 유교식으로 진행되며 이때부터는 모셔지는 신위가 두 분이기 때문에 메와 국수를 2그릇씩 올린다.

2) 홀기

대관령국사성황제 홀기와 동일

3) 축문

維 歲次 某年干支 陰四月某干支朔 十五日某干支 某官某 敢昭告于
유 세차 모년간지 음사월모간지삭 십오일모간지 모관모 감소고우

○○년 ○○간지 4월 ○○간지 3일 ○○간지 ○○○(직책) ○○○는
대관령국사성황신, 대관령국사여성황신에게 감히 아뢰옵니다.

大關嶺國師城隍之神
대관령국사성황지신
大關嶺國師女城隍之神
대관령국사여성황지신
伏惟尊靈 位我重鎭 尊靈所宅 左海名區
복유존령 위아중진 존영소택 좌해명구

엎드려 생각하오니 두 신께서는 저희들에 있어 중요한 자리에 계십니다.
신께서 자리 잡고 계신 이 곳은 이름난 강릉입니다.

人民有居 爰通道路 靈焉主斯 百神之宗 民依厥德
인민유거 원통도로 영언주사 백신지종 민의궐덕

시민이 살 수 있도록 도로를 사고없이 원활히 통하게 해 주셨습니다.
신령께서는 이곳의 주인이며 여러 신의 으뜸으로 우리들은 그 은덕에 의지하고

國賴其功 一喜一怒 爲禍爲福 安危禍福 莫非實賜

국뢰기공 일희일노 위화위복 안위화복 막비실사

국가도 그 공에 힘입고 있습니다. 기뻐하고 노하고, 화가 되고, 복이되며, 안위와 화복
도 실로 신께서 내려주지 않음이 없습니다.

人依於神 神感於人 際玆孟夏 田事方興 日吉辰良 牲潔酒香

인의어신 신감어인 제자맹하 전사방흥 일길진량 생결주향

인간은 신에게 의지하고 신은 인간에게 감명을 받습니다. 음력 4월이라 농사일이 바
야흐로 흥성할 때 좋은 날을 가려 술과 제수를 마련하였습니다.

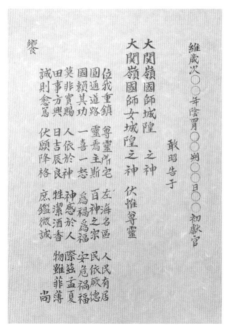

〈봉안제 축문〉

物雖菲薄 誠則愈篤 伏願降格 庶鑑微誠　　　尙　　饗

물수비박 성즉유독 복원강격 서감미성　　　상　　향

제물은 비록 변변치 못하오나 정성만은 더욱 돈독하옵니다.

엎드려 바라옵건대 보잘 것 없는 성의이오나 흠향하여 주시옵소서.

아. 영신제

1) 의의

음력 5월 3일은 대관령국사성황신 내외를 남대천 단오장으로 모셔가는 날이다. 이날 대관령국사여성황사에서는 두 내·외분을 맞이하는 영신제가 올려진다. 오후 6시에 유교식 제례를 지내고 무녀는 굿을 한다.

2) 홀기

대관령국사성황제 홀기와 동일

3) 축문

維 歲次 某年干支 陰五月某干支朔 初三日某干支 某官某 敢昭告于
유 세차 모년간지 음오월모간지삭 초삼일모간지 모관모 감소고우

○○년 ○○간지 5월 ○○간지 3일 ○○간지 ○○○(직책) ○○○는 대관령국사성황신, 대관령국사여성황신에게 감히 아뢰옵니다.

大關嶺國師城隍之神
대관령국사성황지신
大關嶺國師女城隍之神
대관령국사여성황지신
伏惟尊靈 位在國師 永世來傳 時維端陽
복유존령 위재국사 영세래전 시유단양

엎드려 생각하오니 두 분 신께서는 국사의 자리에 계십니다. 오랜 세월동안 전해오는 단오제를 맞이하였나이다.

修擧醮典 保我人民 攘災禱祥 上下齊誠 前導巫覡

수거초전 보아인민 양재도상 상하재성 전도무격

몸가짐을 바르게 하고 신에게 제를 올리오니 저희 주민을 보호하여 주십시오. 재앙을
멀리하고 상서롭도록 위·아래 모두가 정성스레 무당을 앞세우고 신에게 빌고 있습니다.

謹以 淸酌庶羞 明薦歆格   尙   饗

근이 청작서수 명천흠격   상   향

삼가 맑은 술과 제수를 마련하여 올리오니 두 분께서는 흠향하여 주시옵소서.

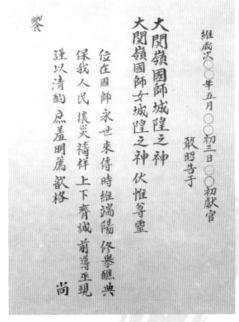

〈영신제 축문〉

자. 영신행차

대관령국사성황 내·외분을 남대천 가설제단으로 모시는 도중 강릉 시내를 한 바퀴 도는 영신행차를 한다. 행렬은 신위가 제일 앞서고, 그 뒤로 제례부 회원과 신목, 무격부, 관노가면극부 회원들이 춤과 음악을 연주하며 뒤따르고, 이어서 강릉지역의 각급 기관장, 지역유지, 외부인사를 포함한 수많은 강릉시민이 손에 단오등을 들고 뒤따른다. 그 행렬의 길이만 해도 족히 1km가 넘을 정도로 길고 웅장하여 볼거리가 된다. 이때 거리 곳곳에는 시민들이 정성으로 낸 신주미로 빚은 술과 떡을 푸짐하게 준비하여 누구나가 먹고 마실 수 있도록 하여 축제의 분위기를 한껏 고조시킨다.

영신행차 행렬도
깃대→신위→제례부→신목→무녀→악사→양중→화개→관노가면극→시민→농악

차. 경방댁 치제

영신행차 행렬은 대관령국사여성황신인 정씨 처녀의 생가 터인 경방댁에 들러 유교식 제례를 지내고 굿 한 석을 펼친다. 굿이 끝난 후 영신행차 행렬은 마당을 한 바퀴 돌아 나온다.

카. 조전제

1) 내용

조전제는 단오제가 열리는 5월 4일부터 8일까지 매일 아침 10시 단오장 가설제단에서 열린다. 단오제가 강릉과 영동지역 일대의 풍년과 태평을 기원하는 의례인 만큼 강릉의 기관·단체장들이 헌관을 맡아 제례를 올린다. 유교식 제례는 주로 남성들이 지역사회 전체의 안녕과 생업의 번창을 기원하는데 관심을 가지고 행해지는 남성 중심주의적 의례이다.

2) 헌관 및 제집사 배치도

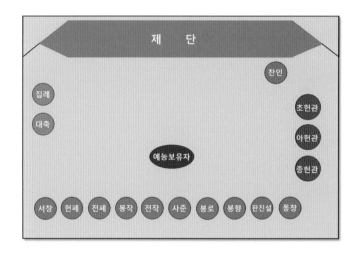

3) 홀기

대관령국사성황제 홀기와 동일

4) 축문

維 歲次 某年干支 陰五月某干支朔 某日某干支 某官某 敢昭告于

유 세차 모년간지 음오월모간지삭 모일모간지 모관모 감소고우

○○년 ○○간지 5월 ○○간지 ○일 ○○간지 ○○○(직책) ○○○는 대관령국사성황신, 대관령
국사여성황신에게 감히 아뢰옵니다.

大關嶺國師城隍之神

대관령국사성황지신

大關嶺國師女城隍之神

대관령국사여성황지신

伏惟尊靈 位我重鎭 位在國師 永世來傳 時維端陽

복유존령 위아중진 위재국사 영세래전 시유단양

엎드려 생각하오니 두 분 신께서는 저희들의 중요한 위치에 있으며 국사의 자리에 계
십니다. 오랜 세월동안 전해오는 단오절을 맞이하였나이다.

修擧醮典 保我人民 禦災防患 轉禍爲福 莫非神功

수거초전 보아인민 어재방환 전화위복 막비신공

몸가짐을 바르게 하고 신에게 제를 올리오니 저희 주민을 보호하여 주시고 재앙을 막
아 근심을 덜어 주시고, 화가 복이 되게 하여 주시는 것도 신의 공이 아닌 것이 없습니다.

人依於神 神感於人 市政民生 欲賴所願 水火旱災

인의어신 신감어인 시정민생 욕뢰소원 수화한재

인간은 신에게 의지하고 신은 인간에게 감명을 받습니다. 원활한 시정과 민생 안정을
위해 신에게 바라고자 하는 것은 물·불·가뭄의 재앙과

傳染疾病 拒之驅之 永逝遠方 雨順風調 三農豐登

전염질병 거지구지 영서원방 우순풍조 삼농풍등

전염병을 막고 몰아내어 영원히 먼 곳으로 가도록 하여 주십시오. 순조로운 비와
바람으로 온갖 농사가 풍년이 들게 하여 주시고

外客雲集 市沽圓活

외객운집 시고원활

외지 손님들이 구름같이 몰려와 시장 골목골목에 활력이 넘치도록 하여 주십시오.

擇玆吉日 牲醴齊誠 物雖菲薄 誠則愈篤

택자길일 생례재성 물수비박 성즉유독

이에 좋을 날을 가려 정성껏 제수를 마련하였습니다. 비록 변변치 못하오나
정성만은 더욱 돈독하옵니다.

伏願尊靈 庶鑑微誠　　　　尚　　　饗

복원존령 서감미성　　　　상　　　향

엎드려 바라옵건대 보잘 것 없는 성의이오나 흠향하여 주시옵소서.

〈조전제 축문〉

타. 송신제送神祭

1) 의의

　음력 5월 8일 거행되는 송신제는 강릉단오제의 마지막 제례로 대관령국사성황신과 대관령국사여성황신을 떠나보내는 의례이다. 장장 30여 일에 걸쳐 진행된 강릉단오제를 정리하면서 대관령국사성황신 내외께서 잘 흠향하셨기를 바라고 지역의 번영과 안녕을 기원하는 마음을 담아 제례를 올린다. 이런 간절한 기원이 담긴 송신 제례는 엄숙할 정도로 숙연해지는 분위기를 느낄 수 있다.

2) 홀기

대관령국사성황제 홀기와 동일

3) 축문

維 歲次 某年干支 陰五月某干支朔 某日某干支 某官某 敢昭告于

유 세차 모년간지 음오월모간지삭 모일모간지 모관모 감소고우

○○년 ○○간지 5월 ○○간지 ○일 ○○간지 ○○○○(직책) ○○○는
대관령국사성황신, 대관령국사여성황신에게 감히 아뢰옵니다.

大關嶺國師城隍之神

대관령국사성황지신

大關嶺國師女城隍之神

대관령국사여성황지신

伏惟尊靈 位我重鎭 位在國師 永世來傳 時維端陽

복유존령 위아중진 위재국사 영세래전 시유단양

엎드려 생각하니 두 분 신께서는 저희들의 중요한 위치에 있으며 국사의 자리에 계십니다. 오랜 세월동안 전해오는 단오제를 맞이 하였나이다.

修擧醮典 保我人民 禦災防患 轉禍爲福 莫非神功

수거초전 보아인민 어재방환 전화위복 막비신공

몸가짐을 바르게 하고 신에게 제를 올리오니 저희 주민을 보호하여 주시고

재앙을 막아 근심을 덜어주시고, 화가 복이 되게 하여 주시는 것도 모두 신의 공이 아닌 것이 없습니다.

人依於神 神感於人 市政民生 欲賴所願

인의어신 신감어인 시정민생 욕뢰소원

인간은 신에게 의지하고 신은 인간에게 감명을 받습니다.

원활한 시정과 민생 안정을 위해 신에게 바라고자 하는 것은

水火旱災 傳染疾病 拒之驅之 永逝遠方

수화한재 전염질병 거지구지 영서원방

물·불·가뭄의 재앙과 전염병을 막고 몰아내어 영원히 먼 곳으로 가도록 하여 주십시오.

雨順風調 三農豊登 外客雲集 市沽圓活

우순풍조 삼농풍등 외객운집 시고원활

순조로운 비와 바람으로 온갖 농사가 풍년이 들게 하여 주시고 외지 손님들이 구름
같이 몰려와 시장 골목골목에 활력이 넘치도록 하여 주십시오.

端陽已畢 還安舊堂 牲醴菲薄 誠則愈篤

단양이필 환안구당 생례비박 성즉유독

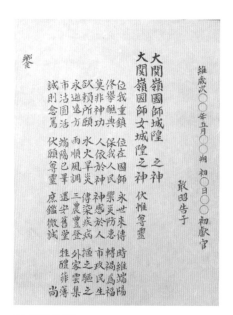

〈송신제 축문〉

이로써 단오제를 모두 마쳤으니 계시던 곳으로 편안히 돌아가십시오. 변변치 못한 제수이오나 정성만은 더욱 돈독하옵니다.

伏願尊靈 庶鑑微誠   尚   饗
복원존령 서감미성   상   향

엎드려 바라옵건대 보잘 것 없는 성의이오나 두 분 신께서는 흠향하여 주시옵소서.

파. 소제燒祭

송신제를 마친 후 '대관령국사성황신'과 '대관령국사여성황신'을 원래의 곳으로 보내드리는 제차로 제단에서 사용되었던 각종 기물(신목, 지화 등)을 태우는 소제로 강릉단오제는 대단원의 막을 내린다.

부록

강릉단오제 국가무형문화재 조사보고서江陵端午祭 國家無形文化財 調査報告書*

一. 重要無形文化財指定에 関한 理由書

江陵端午祭는 嶺東第一가는 規模의 鄕土神祀로서 이미 李朝中朝의 文献에 散見되는 바 오랜 伝統을 가지고 있다. 옛날에는 祭費가 官給으로 支給되고 地方守令이 祭官이 되어 擧行했던 만큼 江陵市는 勿論이며 隣近 郡一帶에서 数万観衆이 群集한다.

江陵端午祭는 다음과 같은 特徵이 있다.

1. 大關嶺國師城隍 및 魂配한 女城隍, 大關嶺山神을 비롯하여 아울러 諸城隍을 祭祀하는바 國師城隍은 泛一國師요, 女城隍은 鄭氏家女이요, 肉城隍은 滄海力士요, 素城隍은 金時習으로 江陵出身 또는 江陵과 有關한 人格神이란 点이 特色있고
2. 祭天儀式의 遺風으로서의 豊年祭와 江陵의 陸路가 大關嶺을 通過해야 하는데서 行路安全과 漁村이 가까운데서 龍王굿을 兼하고 있는 点
3. 数十名의 巫覡이 動員되어 賽神을 担當하며
4. 官奴假面劇도 演出되니 默劇으로 進行되며 山臺劇에서 보는 것처럼 兩班에 대한 諷刺가 果敢하지 못한 것은 官奴들이 俳優인 까닭이다.

江陵端午祭는 鄕土神祀, 巫俗, 仮面劇이 混合되어 綜合的으로 行해지는 오랜 伝統을 가진 鄕土神祭이므로 重要無形文化財로 指定하여 湮滅의 危機에 있는 民俗을 繼承保存함이 時急하다고 생각되어 提議하는 바입니다.

---

* 이 글은 국가무형문화재 조사보고서 중 강릉단오제 부분을 일부 발췌하여 정리한 것이다.

二. 江陵의 地理的 條件과 歷史背景

江陵은 嶺東의 巨鎭이니 서울에서 汽車로 十二時間 버스로 大關嶺을 넘어 一〇時間이 걸린다. 行政的으로는 江原道 江陵市인바 溟州郡에 싸여 있다.

東은 十里쯤 가면 東海에 이르고 西는 大關嶺을 넘어 平昌에 接했으며 南은 三陟을 거쳐 慶南에 이르며 北은 襄陽을 거쳐 關北과 通하는 交通의 要所이고 東海岸의 巨邑이다.

옛날 江陵에는 大都護府가 있었으니 東國輿地勝覽에 다음과 같이 記錄되어 있다.

本濊國一云鐵國 漢武帝之封二年 遣將討定四郡時爲臨屯 高句麗 稱河西良 一云河瑟羅州 新羅善德王爲小京置任臣 武烈王五年 以地連靺鞨改京爲州置都督 以鎭之 景德王十六年 改溟州 高麗太祖十九年 号東原京 成宗二年 稱河西府 五年 改溟州都督府 十一年 改爲牧 十四年 爲団練使後又改防禦使 元宗元年 以功臣

金洪就之鄕陞爲慶興都護府 忠烈王三十四年 改今名爲府 恭讓王元年 陞爲大都護府 本朝因之.

이것으로 보아 本來는 濊地였으나 漢郡, 高句麗, 新羅, 高麗를 거쳐 李朝時代까지 大都護府로서 嶺東一帶의 行政의 中心地였다. 郡名에도 變遷이 많았으니 濊, 臨屯, 河瑟羅, 河西良, 溟州, 東原, 臨瀛, 東温, 慶興, 溟源, 藥國, 鐵國, 桃源京 北浜京 等으로 불러 졌으며 李朝以後에는 溟州, 江陵으로 불리워 왔다. 太白山脈 以東의 嶺東地方은 海岸線이 가까우므로 農土는 狹小하고 半農의 漁村이 많으며 東海물이 거울같이 맑고 風光明眉해서 아름다운 絶景이 많다. 鄭松江이 鏡浦臺에 와서 「이보다 갖춘 곳이 또 어디 있단 말인가勝地如斯更何存」라고 關東別曲에서 感歎하였거니와 關東八景에 드는 이곳 鏡浦一帶의 景致는 아름답다. 近者에는 鏡浦臺의 海水浴場이 널리 알려져 夏節에는 數萬의 觀光客이 雲集하니 盛市를 이루고 있다. 江陵에는 松林이 많고 감柿의 名産地이며 儒敎가 旺盛해서 오랜 鄕校가 지금도 잘 保存되어 있으며 東國輿地勝覽에서도

江陵의 風俗이 礼儀相先 尙学問 春秋敬老会를 紹介하고 있으니 人心이 厚朴하고 禮
儀바르기로 이름있는 곳이다.

江陵市는 人口 約五萬 周辺을 合하면 七萬程度가 된다고 하는 바 觀光地로서 뿐
아니라 商業과 交通의 中心地이기도 하다. 航空, 汽車, 버스가 中央과 連絡되어 있으나
옛날에는 오직 大關嶺을 넘는 陸路 하나 밖에 없었다.

大關嶺은 文字 그대로 國內有數한 關嶺의 하나로서 七十里고개라고 하거니와 높이
八百米에 達하는 險峻한 길이니 옛날 이 고개를 넘는다는 것은 큰일이 아닐 수 없다. 松
林은 鬱蒼했고 길이 險惡하며 山獸가 나들고 人家가 없어 큰 마음을 먹지 않으면 넘지
못했다고 한다. 그래서 山路의 安全을 비는 大關嶺 서낭을 모시게 되고 그 加護를 받기
爲해서 정성껏 致誠하기에 이르렀으니 江陵端午굿이 大關嶺서낭을 祭祀하게된 까닭도
여기에 있다.

山길이 멀고 險하니 獸害를 免해야 했고 때로 길을 잊어 饑餓에 시달리는 일도 있고
겨울에는 雪中에 凍死하는 일도 있었으니 서당께 빌어 이러한 災禍를 막아야 했다. 따
라서 이곳을 자주 往來하게 되는 隣近 사람들은 大關嶺서낭을 모시는 鄕俗이 생기고
交通事故가 있거나 虎患이 있거나 마을에 災殃이 있을 때에는 大關嶺서낭과 連結시켜
생각하는 습관을 가지게 되었다.

지금 江陵에는 汽車가 다니지마는 開通된 것은 一九六一年이니 不過 數年밖에 안
되며 그 때까지만 해도 大關嶺을 넘는 陸路가 있을 뿐이었다.

옛날 江陵에는 鉄馬가 들어올 수 없다는 伝説이 있었으니 古老의 말에 依하면 江陵
市東北方에 있는 花浮山 밑에 鉄道가 오면 난리가 난다고 해서 강릉에 鉄路敷設할 것
을 日帝末期에 計劃했으나 戰爭으로 中止되었고 解放後 事業이 進行되다가 六·二五事
變으로 中止되었고 또 自由党 때에 工事를 推進하다가 四·一九 때문에 中止되었던 일
이 있었으나 마지막으로 五·一六後에 完工했다고 한다. 지금은 花浮山 바로 밑에 江陵
驛이 자리잡고 있으나 세 번이나 난리 때문에 中止한 前歷을 가지고 있으니 江陵은 鉄
道와 妙한 因緣을 가지고 있는 곳이다.

江陵에는 名勝古跡이 많다. 高麗忠肅王때에 江陵都 存撫使 朴淑貞이 新羅仙女들이 놀았다던 放海亭 後山 印月寺터에 創建한 것을 李朝 中宗三年에 江陵府使 韓汲이 現位置에 移築하였다는 鏡浦臺를 비롯하여 鏡浦臺 東쪽에 있는 放海亭과 新羅때에 있었다는 寒松寺趾 古代 印度의 建築樣式인 天竺式으로 지었다는 客舍門인 臨瀛館과 唐竿支柱와 李朝時代의 碩學 栗谷이 낳고 자란 집 烏竹軒을 비롯하여 歷史的인 記念物이 保存되어 있다. 이 모든 것이 江陵의 歷史에서 남은 것들이다.

三. 江陵端午祭의 由來와 傳說

　　江陵의 端午祭는 陰三月二十日의 神酒를 빚는데서 시작하나 四月十四日의 城隍 迎
神에서부터 五月六日의 燒祭까지 二十餘日에 걸친 大大的인 鄕土神祭인 바 祭儀가 本
格化하는 五月一日부터는 各種行事와 遊興, 娛樂이 있으므로 數萬群衆이 雲集해서
大盛況을 이룬다. 이 端午祭가 언제부터 있었는가 하는 由來에 対한 記錄은 없고 다만
數三 文獻에 斷片的인 記錄이 伝하고 있을 뿐이다.

　　秋江冷話에 다음과 같은 記錄이 있다.

　　嶺東民俗 每於三·四·五月中 択日迎巫以祭山神 富者駄戴 貧者負戴 陳於鬼席. 吹笙
鼓瑟 連三日 醉飽然後下家 始与人買 売 不祭則尺席不得与人

　　秋江冷話는 秋江 南孝溫의 文集인 바 端宗二年(一四五四) 甲戌生으로 成宗二四年
(一四九三) 癸丑에 三九歲를 一期로 卒하였다.

　　秋江冷話가 꼭 江陵端午祭를 指摘한 것이 아니고 嶺東俗을 一般的으로 概述하였
으니 그 時期가 端午도 包含되어 있고 또 大關嶺城隍祭의 進行과 같은 것으로 미루어
江陵端午祭를 두고 말한 것으로 생각된다.

　　許筠의 惺所覆瓿藁에 依하면 癸卯夏에 江陵에 가서 端午祭를 求景한 記錄이 있다.

　　許筠이 宣祖二年 己巳(一五六九)에 出生하였으니 癸卯는 그의 三五歲時인 宣祖三
六年(西紀 一六0三)이 된다. 이 때에 이미 江陵端午祭에는 盛大한 鄕土祭로서 이름 있었
던 것으로 생각되니 지금으로부터 三六0年前이 된다.

　　江陵의 古鄕土誌에 臨瀛誌가 있으나 編年未詳이며 다만 景宗時(一七二一 ~
一七二四)에 누가 다시 取捨해서 江陵誌라 하였는 바 卷二 風俗条에 다음과 같은 記錄
이 있다.

　　大關山神 塔山記載 王頹式従高麗太祖南征時 夢僧俗二神率兵來救 覚而戰捷 故
祀于大關至于致祭

이 記錄에 依하면 高麗太祖의 神劍을 討伐하던 南征時에 二神이 兵卒을 이끌고 와서 來救한데 感謝하며 大關嶺에 이르러 致祭했다고 하는바 僧俗 두 사람이 누구인지 알 수 없으며 高麗初期에 이미 大關嶺山神을 致祭했다는 것이다. 江陵誌(一名臨瀛誌)의 說을 肯定하면 高麗太祖(九一八~九四三)는 十世紀 初에 執權하였으니 江陵端午祭의 由來는 去今 千餘年前에서 찾을 수 있다.

近者에 江陵端午祭를 紹介한 文獻에 吳晴 著「朝鮮の年中行事」朝鮮總督府 調査 資料 四四輯

「部落祭」亦是 調査資料輯「江陵郡」그리고 秋葉隆 著「朝鮮民俗誌」가 있다.

「朝鮮の年中行事」에서는 大關嶺山神祭라 하여 十行未滿으로 簡單히 略述했을 뿐이고「部落祭」와「江陵誌」에서는 比較的 자세히 資料로 報告되어 있다. 그러나 考証에는 注力을 하지 않고 事実을 記錄하는데 充実히 했다.「朝鮮民俗誌」는 報告를 兼한 論文이지마는 端午祭의 起源에 關해서는 言及이 없다.

大關嶺山神과 城隍神이 누구인가 하는 問題에 對해서는 明確한 說이 없다. 앞에서의 臨瀛誌에도 僧俗二人이 來救하여 致祭하게 되었다는 것으로 미루어 그 僧과 俗人은 兵士를 이끌 程度였으니 指導的인 人物로 생각되며 그렇게 되면 山神이 二位이어야 하는데 現在는 二位라는 아무런 証拠도 없고 다만,「大關嶺山神之神位」로 되어 있는 것으로 보아 一位로 되어있다.

大關嶺山神이 누구이냐 하는데 対해서「部落祭」에서는 다음과 같이 말했다.

「大關嶺山神은 李朝初期의 사람 江陵出身 屈山寺의 僧 泛日國師이며 老後 大關嶺에 들어가 山神이 되어 그 靈驗者가 많고 江陵住民의 生命을 맡았으며 萬一에 性나면 御馬인 호랑이를 보내어 人畜을 害하고 또한 旱魃, 洪水, 暴風, 惡疫等 모든 災禍를 준다고 伝해지고 있다.」(部落祭 P.六二)

여기에서는 大關嶺山神이 泛日國師라고 分明히 말하고 있으나 同書 P.六九 端午祭를 說明하는데서「大關嶺山神을 邑內에 모셔다 祭祀하는 大祭」라고 말한 것으로 보아 端午祭는 山神이 아니라 國師城隍을 모셔다 祭祀하는 行事인 바「部落祭」는 大關嶺山神과 城隍神을 混同하고 있는 것으로 생각된다.

現地 古老들의 이야기에는 諸說이 있어 一定치 않으나 國師城隍은 泛日國師(一名梵日國師)이고 山神은 金庾信將軍이라고 믿어지고 있다. 江陵에서는 江陵出身이거나 江陵과 關係있는 일이 많은 사람을 城隍神으로 모시고 있으니 滄海力士를 御馬城隍堂에 祭하고 素城隍에서는 梅月堂 金時習을 祭한 바 있었다. 지금은 道路拡張에 依해서 御馬城隍과 素城隍의 堂은 없으나 옛날에는 크게 祭祀지냈다고 伝한다. 大關嶺山神이 金庾信이라는 것은 許筠의 惺所覆瓿藁에서 이미 밝힌바 있거니와 新羅의 金庾信將軍이 젊었을 때에 溟州에 遊学하여 大關嶺山神에게서 劍術을 배워 江陵 南쪽에 있는 禪智寺에서 名劍을 鍛造하고 이것으로 百濟와 高句麗를 滅亡시켜 三國을 統一했으며 死後에 大關嶺의 山神이 되었다고 한다. 許筠說을 믿는 경우 金庾信이 大關嶺山神이 되었으나 大關嶺山神한테서 검술을 배웠다는 것은 그 以前에 이미 山神이 存在했다는 것을 意味하니 그렇게 되면 大關嶺山神은 金庾信에게 劍術을 伝授한 山神과 金庾信 그리고 臨瀛誌의 僧俗二神等 多神으로 되어 있어 山神이 한 사람이 아니고 여럿으로 되어있는 셈이다.

大關嶺國師城隍에 對하여서는 現地人 사이에서 泛日國師가 죽어 서낭이 되었다고 一般的으로 믿어지고 있으며 여기에는 많은 伝說이 伝하고 있다.

江陵에서 南으로 五km地点에 屈山寺趾가 있으니 溟州郡 邱井面 鶴山里인바 다음과 같은 伝說이 있다.

옛날 마을의 한 処女가 있어 아침에 屈山寺 앞에 있는 石泉에 가서 바가지로 물을 뜨니 바가지 물 속에 해太陽가 떠 있었다. 処女는 처음 이상하게 여겼으나 해가 떠 있는 바가지 물을 그대로 마셔버렸다.

그런 後 処女는 몸에 이상을 느끼고 달이 차서 男児를 分娩했다. 処女가 아비없는 아이를 낳은지라 마을 사람들의 지탄과 家族들의 꾸지람이 있었다. 그래서 産母는 그 아이를 뒷山에 있는 학바위鶴岩 밑에 버렸다. 학바위는 마치 여러 바위를 포개놓아 洞窟처럼 되어 있었다.

嬰児를 버린 産母는 밤을 뜬 눈으로 새우고 이튿날 아침 일찍 母情을 못이겨 아이를 버린 학바위를 찾아갔다. 嬰児인 까닭에 밤새 얼어 죽었거나 山짐승이 물어갔을 것으로 알고 있었으나 뜻밖에도 어린아이는 잠이들고 있었으며 학을 비롯하여 山짐승과 날짐승들도 서로 다투어 아이를 감싸 따습게 해주고 젖을 먹이는 것이었다. 이 光景을 보고 누구도 感歎치 않는 이가 없었으며 非凡한 人物이 되리라고 짐작 되었다.

아이는 무럭무럭 자랐으나 말을 하지 못하였다. 그러자 七歲가 되니 비로소 開口를 하고 아버지가 누구냐고 묻는 것이었다. 그 外祖父는 事實대로 이야기하고 慶州에 보내어 工夫를 시켰다.

慶州에 간 少年은 熱心히 工夫해서 國師가 되어 돌아 왔으며 中國에까지 그 이름을 떨치게 되었다.

國師는 학바위에서 지팡이를 던져 꽂인 곳에 寺刹을 지었으니 尋福寺라고 한다.

泛日國師는 江陵에 살았는데 때마침 壬辰倭亂이 났다. 國師는 大關嶺에 올라가 術法을 쓰니 山河草木이 모두 軍勢로 變하여 倭軍이 敢히 接近치 못하고 달아났다.

이렇게 해서 나라에 功이 많고 鄕土를 保護하는데 功이 큰 國師는 죽어 大關嶺城隍神이 되었다고 한다.

國師의 이름을 泛日國師라고 부르는 까닭은 해가 떠 있는 바가지 물을 마시고 낳은데서 지어진 이름이다.

大關嶺城隍堂에는 大關嶺國師城隍과 大關嶺國師女城隍의 二位를 祀하고 있으니 國師城隍의 配位인 女國師城隍에 对하여 다음과 같은 伝說이 伝하고 있다.

옛날 江陵에 鄭氏가 살고 있었다. 鄭氏家에는 나이 찬 딸이 있었다. 하루는 꿈에 大關嶺城隍이 나타나 내가 이 집에 장가오겠노라고 請했다.

그러나 主人은 사람 아닌 城隍을 사위삼을 수 없다고 拒絶했다. 어느날 鄭氏家 딸이 노랑저고리에 남치마를 입어 곱게 단장하고 툇마루에 앉아 있었는데 호랑이가 와서 업고 달아났다.

少女를 업고 간 호랑이는 山神이 보낸 使者로서 그 少女를 모셔오라는 분부를 받고 왔던 것이다. 大關嶺國師城隍은 少女를 데려다가 아내를 삼았다.

딸을 잃은 鄭氏家에서 큰 난리가 났으며 마을 사람의 말에 衣해서 호랑이가 물어간 것을 알았다.

家族들은 大關嶺國師城隍堂에 찾아가 보니 少女는 城隍과 함께 서 있는데 벌써 죽어 魂은 없고 몸만 비석처럼 서 있었다. 家族들은 画工을 불러 画像을 그려 세우니 少女의 몸이 비로소 떨어졌다고 한다.

호랑이가 処女를 데려다 魂配한 날이 四月十五日이다. 그래서 四月十五日에 大關嶺國師城隍을 祭祀하고 모셔다가 女城隍祠에서 두 분을 함께 祭祀하게 되었다.

四. 江陵端午祭의 遺跡

江陵의 端午祭는 그 規模가 크고 여러 날 걸리는 만큼 祭儀와 關係되는 場所도 여러 곳이다. 祭儀는 時代의 推移에 따라 變化가 있으니 近者에 祭儀가 退化함에 따라 堂宇가 없어졌거나 堂宇는 고사하고 旧趾조차 없어져서 道路 또는 人家 새로 지어진 곳도 있다.

다음 祭儀遺跡의 略圖를 그리고 遺跡을 略述한다.

1. 大關嶺城隍堂

大關嶺은 江陵市에서 西南쪽으로 二十粁 가야만 頂上에 이르게 된다. 海拔八七○米에 高嶺인 만큼 險路 峻嶺이며 大關嶺에서 다시 山을 타고 北으로 一粁쯤 가면 숲이 우거진 곳이 있으니 이 숲속에 大關嶺城隍堂이 있다. 國道는 堂에서 一粁 南쪽에 있으나 옛날의 旧路는 바로 이 숲속에 大關嶺城隍堂이 있다. 國道는 堂에서 一粁 南쪽에 있으나 옛날의 旧路는 바로 이 城隍堂 앞을 지나 갔다고 한다.

堂宇는 建坪 五坪程度의 瓦家이며 「城隍祠」란 懸板이 있고 堂內 正面 (北側) 壁에는 祠堂이 있고 그 앞에는 祭床이 놓여 있었다.

祠堂門을 左右로 열면 國師城隍像이 있고 그 앞에 燭台 둘과 香炉하나 東쪽에는 紙花가 꽂혀 있다.

城隍像은 弓矢를 멘 威嚴있는 老人이 白馬를 타고 있으며 侍從이 한 손으로 말 고삐를 잡고 한 손으로는 말채를 들고 있다. 城隍神의 前後에는 호랑이가 앞뒤로 護衛하고 있으며 畵面에 「大關嶺國師城隍之神位」라고 세워 써 있다. 이 影幀은 元來의 것이 아니고 近者에 새로 만든 것이라고 한다. 現在 이 堂宇는 堂 옆에 사는 江陵金氏 女人 (五七歲)이 十一年째 지키고 있었다.

城隍堂은 四月十二日에 禁줄을 쳤다가 十五日 祭時에 떼는 바 三月間은 손님을 받지 않고 禁忌를 지킨다. 金女人은 해마다 端午日에 城隍과 山神께 시주해 올리고 江陵

에 내려갔다가 端午祭가 끝나는 날인 五月六日에는 城隍位牌를 모시고 온다고 한다. 그러나 今年에는 山神님의 夢兆가 있어 五月四日날에 江陵에 내려가겠다고 말했다.

2. 大關嶺山神堂

大關嶺山神堂은 大關嶺城隍堂宇 東北쪽 五0米에 있으니 單間瓦家인 바 「山神堂」이란 懸板과 두 기둥에는 「降人間之五福」과 「応天上之三光」이라 써 있으며 堂內 正面에 높이 三尺程度의 祠堂이 모셔 있으며 門을 左右로 열면 「大關嶺山神之神位」란 位牌가 있고 그 앞에 香炉와 燭台가 놓여 있다.

山神은 主神인 까닭에 每歲 祭祀하며 이곳을 지키는 金女人 말에 依하면 山神은 主人이고 城隍과 부처는 손님이라고 한다.

山神堂앞 十米쯤에 四方一尺程度의 편편한 돌을 놓고 둘레에 높이 二尺程度의 돌이 세워 있으며 飯数를 놓은 흔적이 있었다. 이 돌을 「수비당」이라 고 하는 바 鬼神을 退送하는 곳이라 한다.

3. 邱山城隍堂

邱山은 城山面 邱山里이니 江陵에서 大關嶺으로 가는 二0里地点에 있는바 邱山을 지나면 비탈길이 시작된다. 邱山은 옛날 駅院이 있었던 곳이며 西行하는 사람과 作別하는 곳이었다.

邱山里 大路에서 옆으로 五0米쯤 들어가면 堂宇가 있으니 老木이 우거지고 돌담으로 싸인 瓦家 古屋이다. 堂內에는 正面에 右로부터 癘疫之神·靈山之神·城隍之神·土地之神의 位牌가 나란히 있다.

大關嶺에서 城隍神을 모시고 올 때에 行列이 이곳에 들려 巫굿을 한 다음에 江陵市內로 行하게 된다.

大關嶺城隍앞에서 굿을 하고 점심 때에 떠나 이곳에서 굿을 하고 江陵으로 向할때면 저녁 때가 되므로 江陵市民들 數百名이 횃불을 들고 마중을 나온다. 따라서 邱山에서부터는 炬火行列이 시작 된다.

4. 女城隍堂

옛날에는 南門洞 (지금의 共同便所자리)에 있었으나 지금은 水道管理事務所 後山麓에 자리잡고 있다.

女城隍祠는 大關嶺國師城隍의 夫人인 女城隍을 祭祀한 곳이다. 三間 瓦家로 되어 있으며 新築移轉한지 얼마 되지 않으므로 丹靑도 깨끗하다. 正面壁에 女城隍의 影幀이 있으니 머리를 길게 따서 左側 어깨로 하여 앞으로 느려뜨린 美人型이며 그 앞에는 호랑이가 그려있다. 畵像앞에는 國師女城隍神位라고 쓴 位牌가 세워 있다. 이 女城隍은 傳說에 依하면 江陵사는 鄭氏家의 딸이었다고 하는바 女城隍祠의 管理도 主로 그 鄭氏家의 後援에 依하여 이루어지고 있다고 한다. 大關嶺에서 國師城隍을 모시고 四月十五日에 내려오면 端午祭가 있을 때까지 이곳 女城隍祠에 함께 모셨다가 端午日에 祭祀를 지내게 된다. 그 동안은 夫婦가 함께있게 되는 셈이다.

今年에도 端午 二日前인 六月二十一日 五時頃에 女城隍祠에서 江陵市長 溟州郡守, 江陵警察署長이 祭官이 되어 朝服을 하고 (鄕校에서 빌려다 쓴다고 함) 巫女의 굿과 官奴탈춤 (江陵女高生들이 扮裝)을 마친 다음에 시내로 炬火行進(男高校生)에 들어 갔다.

5. 鄭氏家趾

女城隍祠에서 市內로 들어오는 途中에 鄭氏家趾가 있다. 鄭氏家는 女城隍의 親庭이니 國師城隍의 妻家가 되는 셈이다. 鄭氏家가 살았던 집에는 지금은 崔某氏가 居住하고 있는바 元來는 鄭氏家에서 祭祀하던 일을 지금은 그 집자리에 사는 崔氏家에서 祭物을 마련하고 簡單한 祭祀가 있다.

이 집터가 女城隍의 親庭집이요 國師城隍의 妻家이었던 關係로 두 城隍神은 이 곳을 그냥 지나지 않고 반드시 들리며 또 이곳에 居住하는 사람은 城隍神을 그냥 薄待할수 없을 뿐 아니라 積極的으로 除禍招福을 爲하여 祭祀한다는 것이다.

鄭氏家의 宅地는 넓으며 元來 江陵市에서 富豪였다고 하며 지금 거주하는 崔氏家도 江陵에서는 財産家이며 有志이다. 富를 누리는 것이 다 城隍님을 잘 모신 德이라는 老婆도 있었다.

國師城隍 內外를 미리 마련한 뜰 한곳에 모시고 祭床을 차려 놓으며 現住者인 崔氏의 家族들이 나와서 拜礼하였다. 이 때에 巫樂과 巫女의 굿이 繼續된다.

6. 大城隍堂

大城隍堂은 지금은 없어지고 그 자리에 測候所가 들어 앉았다. 元來는 江陵市의 大城隍祠이었으며 大關嶺國師城隍을 이 곳에 모셔 놓고 祭祀를 하던 곳이다. 日人이 들어온 後로 行事가 抑制되고 祠宇도 頹落하였다는 것이다.

大城隍祠에는 十二神位를 奉安하였다는 바 松岳山之神·太白大王神·南山堂帝形太上之神·紺岳山大王之神·城隍堂德慈母王之神·神武堂城隍神·金庾信之神·異斯夫之神·草堂里夫人之神·西山松桂夫人之神·連花夫人之神·泛日國師之神이다. 祠宇가 없으므로 今年도 假設祭壇을 마련하였으니 다음과 같다.

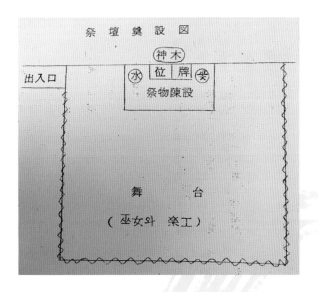

가. 舞台의 높이는 二尺쯤이고 위는 天幕을 쳤음

나. 正面에는 祭床이 있고 祭物을 陳設하고 紙花, 淨水桶이 놓여 있다.

다. 位牌는 大關嶺國師城隍, 大關嶺國師女城隍之神位라 써 있다.

라. 位牌 뒤에는 神竿木이 세어 있고 天幕외에 華蓋가 높이 세워 있다.

마. 舞台 위에 樂工의 伴奏에 따라 巫女의 굿이 있다.

7. 大昌駅과 大昌城隍

大昌駅은 지금의 玉川洞이니 옛날 駅院이 있었던 곳이다. 지금은 밭으로 変하여 現 江陵駅이 바로 近處에 자리 잡고 있다.

옛날 端午祭時에는 祭官·任員·巫覡 一同이 大昌駅馬를 타고 大關嶺往復을 했다는 바 女城隍祠를 거쳐 大城隍으로 들어가기 前에 市內를 一巡했다는 데 大昌駅에 말을 매 두었다고 한다.

大昌城隍은 確實치 않으나 現駅에서 市內로 向한 새 都市計劃에 道路가 나있는 바 道路工事때에 撤去되었다는 住民의 말이다. 여기에는 內城隍·素城隍의 二位를 모 셨다고 하는바 內城隍은 滄海力士, 素城隍에는 江陵出身 梅月堂 金時習 (一四三四~ 一四九三) 을 祭祀했다는 이야기이다.

大關嶺國師城隍을 奉迎할 때에 지금은 地理的으로 가까우니 女城隍祠에 먼저 들 리나 옛날에는 素城隍과 林塘洞에 있었던 藥局城隍에 들린 다음에 女城隍祠에 갔다고 한다.

8. 石 泉

村女가 石泉井水를 마시고 大關嶺國師城隍인 泛日國師를 낳았다는 傳說의 우물 이다.

江陵市에서 約 二0里되는 鶴山里에 있다. 옛날 이곳에서 屈山寺란 大寺刹이 있었다 고 하며 石塔 石仏이 남아 있고 石泉은 돌로 쌓아 있는 조그만 우물이다. 지금도 洞民들 에 의해서 잘 保存되고 있으며 淸水가 쏟고 있어 共同우물로 되어 있다.

9. 鶴岩(학바위)

處女가 아이를 낳은 까닭에 그 아이를 버렸다는 傳說의 바위이니 石泉이 있는 마을의 後山 中턱에 있다. 松林속에 있으며 높이 一米程度의 바위가 몇 개 포개져 있으며 바위 밑에는 三·四人이 들어갈 수 있는 空間이 있다. 이 바위 밑 空間에서 泛日國師가 날짐승들에 의해서 哺育되었다는 것이다.

五. 江陵端午祭

1. 名稱

江陵端午祭도 몇 가지 名稱이 있으니 端午祭·端午굿·端午노리·端陽祭·端陽굿·端陽노리 等으로 불려지는 바 크게 端午와 端陽으로 나누어진다.

端陽의 陽은 結局은 午와 같은 뜻이며 一般的으로 가장 널리 불리워지는 것은 亦是 端午祭이다. 굿 또는 노리의 명칭이 붙으나 "굿" 하면 巫儀的인 印象을 주고 "노리"하면 遊戲的인 것 爲主가 된다. 端午祭는 一名 豊年祭라 부르기도 한다. 여기에서는 端午祭 라 부르기로 한다.

2. 執行部署와 任員

端午祭는 大關嶺國師城隍을 祭祀하는 祭와 이것을 契機로 하여 벌어지는 여러 가지 行事 즉 그네大会·씨름大会·體育大会 等 見地 各種行事를 管掌하는 執行部署로 나뉘어 진다. 이 後자만을 가리켜서 端陽大会라 부르기도 한다.

國師城隍祭祀만을 擔當하는 것을 大關嶺國師城隍維持会라 하며 任員에는 会長· 副会長·總務·有司二人으로 되어 있다. 端陽大会에는 任員에 会長·副会長·總務·財務 外에 各 行事種別마다 部長이 있다. 今年의 執行部署는 다음과 같았다.

江陵端午祭 任員名單

委員長 金南亨 (市 長)

副委員長 金鎭邦, 崔潤択, 崔圭鶴, 朴竜德, 崔燉重

      金盖培

總務部長 咸基玧

財務部長 李 秋 男

祭典 〃 金 振 泰

施設 〃 金 斗 洙

警護 〃 金宇起

救護 〃 金赫濬

指導 〃 咸鍾台

宣傳 〃 白基洪

民芸 〃 権赫春

農楽 〃 崔海圭

그네 〃 朴竜德

弓道 〃 朴亨洙

体育 〃 崔燉虓

이 執行部에서는 祭行事進行 一切를 決定하니 祭費 및 一般經費調達 行事日程 等 모두를 決定하고 執行한다.

維持会의 任員이나 大會任員은 德望이 있고 그 分野의 일을 잘 알거나 不淨이 없으며 沐浴齋戒를 해야 한다. 執行部와는 달리 國師城隍을 祭祀할 때의 祭官이 있으니 江陵端午祭가 옛날부터 地方守令이 担當하던 것인만큼 地方官員이 献官이 되고 德望있고 經驗있는 人士中에서 選出한다. 今年度의 名單을 보면 다음과 같다.

丙午年五月初三月 大關嶺國師城隍祭祀 獻官 及 諸執事分榜

初獻官 江陵市長　　金南亨

亜獻官 溟州郡守　　李相赫

終獻官 江陵警察署長　趙鴻璋

執礼 幼学　　崔馨圭

大祝　〃　　権寧極

判陳設　〃　　李挺玖 権五奎

奉香　〃　　吳建源

奉 炉	〃		崔 海 鳳
奉 爵	〃		高 永 男
奠 爵	〃		金 泰 振
獻 幣	〃		廉 燉 焕
奠 幣	〃		崔 燉 植
司 奠	〃		李 挺 玖
賛 引	〃		崔 玟 洙

이밖에 제물만을 장만하는 사람을 都家라 해서 따로 있다. 執礼는 笏記를 읽으며 賛引은 笏記 읽는 대로 復唱하는 사람이며 司奠은 神酒를 担當한다.

判陳設만은 二人으로 되어 있다.

3. 祭日程과 祭儀

日程은 모두 陰曆을 規準으로 한다.

端午祭는 五月五日의 端午를 크라이막스로 하는 것이나 端午祭의 시작은 三月二十日에 祭酒謹釀에서 부터이니 五月六日의 燒祭까지 치면 近五十日에 걸치는 셈이다.

在來의 端午祭의 日程을 적으면 다음과 같다.

三月二十日　神酒謹釀

四月　一日　（初端午）　献酒와 巫樂

四月　八日　（再端午）　献酒와 巫樂

四月十四日　奉迎出発

四月十五日　（三端午）　奉迎, 大關嶺城隍祭 및 山神祭

四月二七日　（四端午）　巫祭

五月　一日　（五端午）　花蓋, 官奴假面劇(本祭始作)

五月　四日　（六端午）　官奴假面劇, 巫樂

五月　五日（七端午）官奴假面劇, 巫樂(本祭)

五月　六日（八端午）燒祭, 奉送

大槪 以上과 같은 順序이었다. 그러나 祭日程은 그 때의 規模에 따라 多少 伸縮性
이 있으니 今年度의 例를 들면 다음과 같다.

三月二〇日　神酒謹釀

四月十五日　奉迎, 大關嶺城隍祭, 山神祭

五月　三日　女城隍祭, 炬火行進, 巫樂, 官奴假面劇, 農樂

五月　四日　弓道大會, 體育大會

五月　五日　巫樂, 官奴假面劇, 農樂, 그네大會, 씨름大會, 弓道大會, 體育大會

五月　六日　巫樂, 官奴假面劇, 農樂, 그네大會, 씨름大會, 體育大會

五月　七日　巫樂, 燒祭

端午祭가 現代生活에 알맞은 方向으로 變容하고 있는 것을 알 수 있으니 在來의 巫
樂, 官奴假面劇, 民俗노리, 農樂을 維持하면서 國民学校生과 中·高生의 體育大會를
兼하는 方向으로 運營되고 있었다. 特히 今年에 女城隍祭와 奉迎 때에 하는 炬火行進
을 五月三日에 江陵高等學校學生을 動員하여 再演한 것은 文化財 調査를 爲한 現地
官民의 好意에서 하게 된 것이다. 元來에 하던 祭儀를 詳述하면 다음과 같다.

　三月二十日 祭需用 술을 빚는다. 淨하고 잘된 쌀로 빚는다. 祭需用 쌀은 官給이니
白米一斗와 누룩을 받아다가 戶長·府司·首奴·城隍直(男覡長)·內巫女(女巫長)가 齋戒沐
浴하고 封을 해서 戶長庁 下房에 둔다.

　四月一日 巳時에 大城隍에 神酒와 시루를 올리고 祭한다. 初獻官은 戶長 亞獻官은
府司色, 三獻官은 首奴 終獻官은 城隍直이 하며 獻酒가 끝나면 巫覡들이 山遊歌를 부
르고 賽神을 한다. 이때에 官奴는 太平簫를 불고 未時(二時)에 끝난다.

　四月八日은 仏誕日인 바 大城隍祠에서 四月一日 때와 마찬가지의 獻酒와 巫樂賽神

이 되풀이 된다.

四月十四日 저녁을 먹은 다음 戌時(八時)를 期해서 大關嶺國師城隍을 奉迎하기 爲하여 出發한다. 行列의 先頭에는 樂隊가 서니 太平簫二人 喇叭手二人, 六角 (杖鼓 一 북 一 笛 一 奚琴 一 觱篥 二)과 細樂手六人 合해서 十六名의 樂工이 演奏한다. 樂隊 다음에는 戶長, 府司色, 首奴, 都使今과 男女巫覡五·六十人이 따르니 이들이 모두 騎馬였다고 하니 壯觀을 이루었을 것이며 그 뒤에는 數百名의 村民들이 祭物을 짊어지고 列을 지였다. 南孝溫이 秋江冷話에서 「獻載負戴」했다는 것은 이 光景을 말한 것이다. 權勢있는 兩班집에서나 富者집에서 단골 巫堂에게 祭需를 주어 그로 하여금 除禍招福의 祈禱를 드리게 했으나 村民은 各者가 直接 參与했으니 男女老少가 大關嶺國師城隍祠에 가서 祈禱하기 爲하여 官員의 行列뒤에 따랐던 것이다. 行列이 邱山驛에 到着하면 洞民은 미리 밤참을 準備했다가 一行을 接待한다. 行列은 다시 前進하여 松亭에 이르러 野宿을 한다. 野宿이라 하지마는 雜踏한 가운데 밤을 새우는 이 곳 溪流에 쌀을 씻어 朝飯을 지었다가 새벽닭이 울면 다시 出發해서 허공다리虛空橋에서 아침을 먹고 巳時(十時)에 드디어 大關嶺上에 있는 國師城隍祠앞에 到着한다.

國師城隍과 山神祠에서 따로 祭祀를 지낸다. 祭儀는 四月一日과 八日에 大城隍에서 하던 것과 大同小異하나 笏記를 읽어 進行한다. 祭床에는 祭物을 陳設하고 精誠껏 지낸다.

巫覡은 단골 信者를 爲하여 淨하게 밥을 지어 城隍과 山神께 올리고 神酒를 올린다. 村民들도 각자 밥을 지어 祈禱한다. 이 때에 七星堂과 井水에서 竜王굿을 하는 이도 있다. 燒紙로 祭祀가 끝나면 飮食을 서로 나누어 飮福하고 가지고 간 物件은 아무것도 가지고 내려와서는 안되기로 되어 있으니 남은 것은 모두 버린다.

城隍祠 近處에 있는 樹木中에서 神竿木을 벤다. 巫女가 굿을 하고 賽神하면 그 中에서 한 나무가 흔드니 神力에 依한 것이라고 하며, 또 巫女가 「오늘 국사서낭님을 모시러 왔읍니다」하면 나무가 저절로 흔든다. 神의 힘에 依해서 흔드는 나무를 도끼로 베어 神竿木으로 삼는다.

神竿에는 致誠하는 사람들이 실, 白紙, 헝겊 등을 걸어 놓고 巫祭를 지내고 굿을 하는 바 厄매기가 된다고 伝한다. 祭祀가 끝나면 一同은 下山을 한다. 이 때에 神竿은 힘센 男覡이 허리帶를 매고 神竿을 세워 行列에 낀다. 樂隊의 奏樂이 요란하고 巫覡은 馬上에서 山遊歌를 부르는바

　　꽃밭일세 꽃밭일세

　　四月보름 꽃밭일세

　　지화자 좋다 얼시구 좋다

　　四月보름 꽃밭일세

를 되풀이하며 興을 낸다.

行列은 旧路인 濟民院城隍, 屈面城隍을 지나 邱山城隍에 到着한다. 여기에서 漸時 休息하고 巫굿을 하며 行人에게도 飮福을 나누어 주고, 저녁 해질 무렵에 江陵市内를 向해서 다시 行列한다. 邱山에서 부터는 炬火軍이 數百名 횃불을 들고 一行의 길을 밝혀 行進하는 바, 城隍님 길을 밝혀 주면 災厄을 豫防하고 一年無災하다는데서 各家戶에서는 一人씩 횃불을 들고 邱山驛까지 마중을 나온다. 江陵市内의 各戶에서 나온 炬火軍과 求景꾼을 合해서 數百名의 炬火軍 一行은 壯觀을 이룬다.

國師城隍을 마중하기 爲하여 官属一同은 市外까지 나오며 鄭氏家 앞에 이르러 祭床과 시루를 놓고 賽神을 마친 다음에 女城隍祠에 들린다. (今年에는 地理上 女城隍祠를 出發해서 다음에 鄭氏家에 들렀음)

女城隍祠에서도 床을 차리고 巫覡에 依해서 굿을 하고 洞民들은 致誠을 드린다. 今年에도 祭物과 떡을 해가지고 女城隍祠 近處의 숲에서 致誠을 드리기 위하여 女城隍祭가 시작되기를 기다리는 子息이 없다. 三十代女人과 그 家族一行이 있었다.

女城隍祠를 떠난 一行은 騎兵庁·府司·田稅·大同·司倉의 諸官衙를 巡訪하고 마지막으로 大城隍祠에 到着한다. 巫樂이 울리는 속에 神竿을 祠内에 세우고 子正이나 되어 일동은 解散한다. 大城隍祠가 지금은 없으므로 今年에는 近來의 前例에 따라 南大川 白沙場에 미리 마련한 仮設堂에 모셨다.

四月十六日부터 五月六日 祭祀가 끝나는 마지막 날까지 二十一日동안은 날마다 새벽에 戶長, 府司, 首奴, 城隍直, 内巫女가 問安을 드리며 洞民들은 단골巫堂을 시키거

나 또는 直接 大城隍祠에 나아가 致誠을 하고 所願을 빈다.

　四月二十七日에는 大城隍祠에서 巫覡에 依한 賽神이 있다. 五月一日부터 本格的인 端午祭가 시작된다. 官奴假面노리(官奴假面노리条에서 詳述)가 堂前庭에서 行해지며 巫굿이 있다. 五月까지는 날마다 假面노리와 巫祭가 繼續된다.

　이날 府司方에서 괫대花蓋를 만든다. 괫대를 만드는 方法은 대나무竹를 直径六尺程度로 둥글게 하고 여기에 樹皮를 감아 무겁고 퉁퉁하게 한다. 車바퀴처럼 둥근 그 복판에 十字型의 交叉된 나무를 대고 交叉点에 三十尺쯤 되는 木竿을 세우고 그 위에 鉄属을 둥글게 달아 무겁게 한다. 마치 수레바퀴를 달아 세운 것 같이 된다. 둥근 수레 같은 나무에는 二十尺쯤 되는 五色 천布를 늘어 뜨리고 竿木도 五色布로 감아 아름답게 한다. 官妓들이 色布를 다는데 協調했으며 市街를 지날때면 致誠하는 商人들이 다시 色布를 달아 주기도 했다고 한다.

　괫대의 무거운 것은 四·五貫이 넘었다고 하니 힘 센 사람이 아니면 敢히 들을 생각조차 못했다고 한다.

　이 花蓋의 由來에 對하여서는 여러 가지 이야기가 伝하고 있으니 泛日國師의 錫杖의 머리를 模倣한 것 또는 金庾信 將軍이 大傘을 쓰고 敵을 놀게해서 勝利를 거두었다는데 그 大傘을 본 딴 것 또는 異斯夫가 于山國을 칠 때에 무거운 鉄棒을 海岸에 놓아 두고 自身은 船中에서 바가지로 만든 가벼운 몽둥이를 휘내둘러 敵을 놀라 달아나게 했다는 故事에서 나왔다는 등 伝説이 있다.

　五月五日 大祭는 本格化하고 假面노리와 巫祭가 繼續되며 國師城隍 奉迎 때처럼 樂隊, 任員, 巫覡, 洞民의 行列이 있다. 花蓋를 앞세우고 大城隍祠를 出發하여 薬局城隍, 素城隍을 거쳐 市場, 田税庁, 大同庁, 司倉庁에서 굿을 하고 저녁에 花蓋는 女城隍에 그리고 神竿은 大城隍에 奉安한다. 端午날 各祠堂近處에 黄土를 뿌리고 금줄을 쳐둠으로써 不淨을 막고 精誠을 表示한다.

　五月六日 大城隍祠의 뒤뜰에서는 燒祭가 있다. 巳時(十時)에서 午時에 걸쳐 端午祭를 위하여 만든 神竿 花蓋를 비롯하여 모든 것을 불사른다.

　이렇게 해서 三月二十日의 神酒謹醸에서부터 시작된 端午祭도 幕을 내리게 된다.

祭期동안 隣近諸邑에서 求景꾼과 致誠者들이 모여들어 市內는 盛市를 이룬다. 今年의 例를 보면 넓은 河川의 白沙場一帶에 臨時로 天幕露店이 數百이 늘어서 있고 假說舞台에서 써커스가 있으며 여러 가지 娛樂施設과 僥倖扞爲가 벌어지고 있어서 雜踏, 混亂을 이룬다. 數萬群衆을 收容할 곳이 없어 野宿하는 村民들도 많았다. 平素에 嚴格했던 官도 단오제때만은 寬容을 베풀고 너그럽게 대하고 이었다.

4. 陳設

陳設에는 두 가지 있으니 山神을 지낼 때와 城隍祭를 지낼 때에 多少 다른 点이 있다. 산신에는 白설기, 牛頭가 있었고 城隍에는 牛肉과 魚物이 있었으니 陳設圖는 다음과 같다.

〈산신제〉

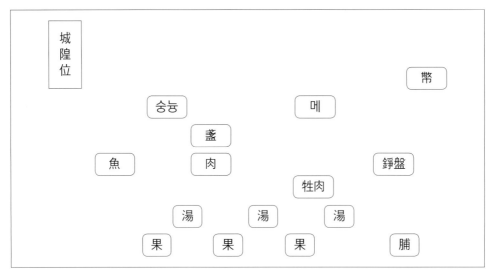

〈대관령국사성황제 진설도〉

5. 笏記와 祝文

가. 홀기(城隍祭 丙戌年四月 日)

○ 헌관급제집사구취문외위獻官及諸執事俱就門外位

  : 헌관과 제집사는 문밖 제자리에 서시오.

○ 찬인인축급제집사입취배위贊引引祝及諸執事入就拜位

  : 찬인은 헌관과 제관을 인도하여 절하는 자리에 서시오.

○ 사배皆四拜: (축관과 집사는) 모두 네 번 절을 하시오.

○ 개예관세위皆詣盥洗位

  : (찬인은 축관과 제집사를) 손 씻는 곳으로 안내하시오.

○ 관수盥手: (축관과 제집사는) 손을 씻으시오.

○ 세수帨手: (축관과 제집사는) 손을 닦으시오.

○ 찬인인헌관급제생입취배위贊引引獻官及諸生入就拜位

: 찬인은 헌관과 제관을 인도하여 절하는 자리에 서시오.

○ 사배皆四拜: (헌관과 제관은) 모두 네 번 절을 하시오.

■ **행전폐례**行奠幣禮: **폐백을 드리는 예**

○ 찬인인초헌관예관세위진홀贊引引初獻官詣盥洗位搢笏

: 찬인은 초헌관을 손 씻는 자리로 인도하고, 초헌관은 홀을 띠에 꽂으시오.

○ 관수盥手: (초헌관은) 손을 씻으시오.

○ 세수帨手: (초헌관은) 손을 닦으시오.

○ 집홀執笏: (초헌관은) 홀을 손에 드시오.

○ 인예성황신위전因詣城隍神位前: (찬인은 초헌관을) 성황 신위 앞으로 인도하시오.

○ 북향립北向立: (초헌관은) 신위를 향해 서시오.

○ 궤跪: (초헌관은) 꿇어앉으시오.

○ 진홀搢笏: (초헌관은) 홀을 띠에 꽂으시오.

○ 삼상향三上香: (초헌관은) 향을 세 번 올리시오.

○ 집홀執笏: (초헌관은) 홀을 손에 잡으시오.

○ 부복俯伏: (초헌관은) 허리를 굽혀 엎드리시오.

○ 흥興: (초헌관은) 일어나시오.

○ 평신平身: (초헌관은) 몸을 바르게 펴시오.

○ 인강복위引降復位: (초헌관은) 물러나 제자리로 돌아가시오.

■ **행초헌례**行初獻禮: **초헌관이 드리는 예**

○ 찬인인초헌관인예성황신위전贊引引初獻官因詣城隍神位前

: 찬인은 초헌관을 국사성황 신위 앞으로 인도하시오.

○ 북향립北向立: (초헌관은) 신위를 향해서 서시오.

○ 궤跪: (초헌관은) 꿇어앉으시오.

○ 진홀搢笏: (초헌관은) 홀을 띠에 꽂으시오.

○ 작주酌酒: 사준은 술병을 열고 술을 잔에 따르시오.

○ 헌작獻爵: (집사는) 술잔을 초헌관에게 드리시오.

○ 전작奠爵: (집사는) 초헌관의 술잔을 받아 신위 앞에 올리시오.

○ 헌폐獻幣: 폐백을 헌관에게 건네주시오.

○ 전폐奠幣: 폐백을 건네받아 신위앞에 올리시오.

○ 계개啓蓋: 제기의 뚜껑을 열어 놓으시오.

○ 정저正箸: 젓가락을 신위 앞에 바로 놓으시오.

○ 축진헌관지좌동향궤독축祝進獻官之左東向跪讀祝

  : 축관은 초헌관의 왼쪽에 나아가 동쪽을 향하여 꿇어앉아 축문을 읽으시오.

○ 궤跪: (초헌관은) 꿇어앉으시오.

○ 담축談祝: (축관은 축을 읽으시오)

○ 집홀執笏: (초헌관은) 홀을 손에 잡으시오.

○ 부복俯伏: (초헌관은) 허리를 굽혀 엎드리시오.

○ 흥興: (초헌관은) 일어나시오.

○ 평신平身: (제례에 참여한 모든 사람은) 몸을 바르게 펴시오.

○ 인강복위引降復位: (초헌관은) 물러나 제자리로 돌아가시오.

○ 철작撤爵: (집사는) 술잔을 물리시오.

■ **행아헌례**行亞獻禮: 아헌관이 드리는 예

  ○ 찬인인아헌관예관세위贊引引亞獻官詣盥洗位

    : 찬인은 아헌관을 손 씻는 곳으로 인도하시오.

  ○ 진홀搢笏: (아헌관은) 홀을 띠에 꽂으시오.

  ○ 관수盥手: (아헌관은) 손을 씻으시오.

  ○ 세수帨手: (아헌관은) 손을 닦으시오.

  ○ 집홀執笏: (아헌관은) 홀을 손에 잡으시오.

  ○ 인예성황신위전因詣國師城隍神位前

: (찬인은 아헌관을) 성황 신위 앞으로 인도하시오.

○ 북향립北向立: (아헌관은) 신위를 향해서 서시오.

○ 궤跪: (아헌관은) 꿇어앉으시오.

○ 진홀搢笏: (아헌관은) 홀을 띠에 꽂으시오.

○ 작주酌酒: 사준은 술을 잔에 따르시오.

○ 헌작獻爵: (집사는) 술잔을 아헌관에게 드리시오.

○ 전작奠爵: (집사는) 아헌관의 술잔을 받아 신위 앞에 올리시오.

○ 집홀執笏: (아헌관은) 홀을 손에 잡으시오.

○ 부복俯伏: (아헌관은) 허리를 굽혀 엎드리시오.

○ 흥興: (아헌관은) 일어나시오.

○ 평신平身: 몸을 바르게 펴시오.

○ 인강복위引降復位: (아헌관은) 물러나 제자리로 돌아가시오.

○ 철작撤爵: (집사는) 술잔을 물리시오.

■ **행종헌례**行終獻禮: 종헌관이 드리는 예

○ 찬인인종헌관예관세위贊引引終獻官詣盥洗位

　: 찬인은 종헌관을 손 씻는 곳으로 인도하시오.

○ 진홀搢笏: (종헌관은) 홀을 띠에 꽂으시오.

○ 관수盥手: (종헌관은) 손을 씻으시오.

○ 세수帨手: (종헌관은) 손을 닦으시오.

○ 집홀執笏: (종헌관은) 홀을 손에 잡으시오.

○ 인예성황신위전因詣城隍神位前

　: (찬인은 종헌관을) 성황 신위 앞으로 인도하시오.

○ 북향립北向立: (종헌관은) 신위를 향해서 서시오.

○ 궤跪: (종헌관은) 꿇어앉으시오.

○ 진홀搢笏: (종헌관은) 홀을 띠에 꽂으시오.

○ 작주酌酒: 사준은 술병을 열고 술을 잔에 따르시오.

○ 헌작獻爵: (집사는) 술잔을 종헌관에게 드리시오.

○ 전작奠爵: (집사는) 종헌관의 술잔을 받아 신위 앞에 올리시오.

○ 집홀執笏: (종헌관은) 홀을 손에 잡으시오.

○ 부복俯伏: (종헌관은) 허리를 굽혀 엎드리시오.

○ 흥興: (종헌관은) 일어나시오.

○ 평신平身: (종헌관은) 몸을 바르게 펴시오.

○ 인강복위引降復位: (종헌관은) 물러나 제자리로 돌아가시오.

○ 헌관급재생개사배獻官及諸生皆四拜: (모든) 헌관은 네 번 절을 하시오.

■ 행음복례行飮福禮: 음복하는 예

○ 찬인인초헌관예음복위贊引引初獻官詣飮福位

　　: 찬인은 초헌관을 음복하는 자리로 인도하시오.

○ 서향립西向立: (초헌관은) 서쪽을 향하여 서시오.

○ 궤跪: (초헌관은) 꿇어앉으시오.

○ 진홀搢笏: (초헌관은) 홀을 띠에 꽂으시오.

○ 축작복주祝酌福酒: 축관은 술잔에 술을 따르시오.

○ 수헌관授獻官: (대축은) 술잔을 헌관에게 드리시오.

○ 헌관수작獻官受酌: (초헌관은) 술잔을 받으시오.

○ 飮卒酌(음졸작): (초헌관은) 술을 맛보시오.

○ 축진감신위전조육大祝進減神位前胙肉

　　: 대축은 신위 앞에 나아가 제사 지낸 고기를 덜어오시오.

○ 이조수헌관以胙授獻官: 대축은 제사지낸 고기를 헌관에게 드리시오.

○ 헌관수조獻官受胙: 헌관은 제사지낸 고기를 받으시오.

○ 환수집사자還授執事者: (초헌관은) 대축에게 고기를 돌려주시오.

○ 집사자복어준소執事者復於樽所

: (대축은) 술잔과 고기를 술을 따랐던 곳에 갖다 놓으시오.

○ 찬인인초헌관예 중예贊引引初獻官詣重瘞

　　: 찬인은 초헌관을 폐백과 축문을 소각하는 자리로 인도하시오.

○ 축이비취축판급폐자동계치어감祝以篚取祝板及幣自東階置於坎

　　: 대축은 광주리에 축문과 폐백을 담아 서쪽 계단으로 나아가시오.

○ 가예可瘞: 축문과 폐백을 묻으시오.

○ 인강복위引降復位: (초헌관과 대축은) 제자리로 돌아오시오.

○ 축철찬祝撤饌: 축관은 제수를 물리시오.

○ 찬인인헌관급제생이차출獻官及諸詣生以次出

　　: 헌관과 제관은 모두 차례로 나오시오.

○ 축급제집사개사배祝及諸執事皆四拜

　　: 축관과 제집사는 모두 네 번 절을 하시오.

○ 합문이퇴闔門而退: 제수를 물리고 문을 닫고 물러가시오.

산신제 축문

維歲次 某年 某月 某日 幼學某 敢昭告于

유세차 모년 모월 모일 유학모 감소고우

大關嶺山神之神

대관령산신지신

○○년 ○○간지 4월 ○○간지 십오일 ○○간지 ○○○○(직책)

○○○(아무개) 대관령산신에게 엎드려 아룁니다.

崇高關嶺 作鎭大東 保佑我人

숭고관령 작진대동 보우아인

엎드려 생각하니 산신님께서는 영동지방에 있어 중진의 자리에 계시면서

저희들을 보살피고 있습니다.

罔非神功 出雲興雨 除惡去災 永言報祀 永福不回

망비신공 출운흥우 제악거재 영언보사 영복불회

구름을 일게 하여 비를 내리게 하고, 악을 제거하고 재앙을 물리치시는 것도

신의 공이 아닌 것이 없습니다.

저희들은 영세토록 게으름 없이 신에게 제사를 올려 보답하고자

謹以 淸酌脯醢 祇薦于神　　尙　　饗

근이 청작포혜 지천우신　　상　　향

삼가 맑은 술과 제수를 공손히 올리오니 흠향하십시오.

성황제 축문

維 歲次 某年 某月 某日 江陵郡守 某 敢昭告于
유 세차 모년 모월 모일 강릉군수 모 감소고우
大關嶺國師城隍之神
대관령국사성황지신

○○년 ○○월 ○○일 강릉군수 ○○○(직책)
○○○(아무개)는 대관령국가성황신에게 감히 아뢰옵니다.

伏惟 尊靈 位我重鎭 自麗至今 無替厥禋
복유 존령 위아중진 자려지금 무체궐인

엎드려 생각하니 국사성황님께서는 저희들에 있어 중요한 자리에 계십니다. 고려 때
부터 오늘에 이르기까지 정성을 다하여 올리는 제사를 거른 적이 없습니다.

風我有求 禱輒見應 際此孟夏 田事方興
풍아유구 도첩현응 제차맹하 전사방흥

무릇 저희들은 국사성황께 빌 때마다 감응하여 구원받았습니다. 이제 음력 4월이라
농사일이 바야흐로 흥성할 때입니다.

禦災防患 觸類降監 若時昭事 敢有不欽

어재방환 촉류강감 약시소사 감유불흠

재앙을 막아 근심걱정을 덜어 주십시오. 신께서는 하늘에 계시면서 손끝으로 만지듯이 인간 세계를 내려다보고 있는 것과 같이 모든 일에 소상하시니 감히 공경하지 않을 수 있겠습니까

玆遵舊儀 載陳牲璧 神其慶斯　庶幾歆格 尙　饗

자준구의 재진생벽 신기경사　서기흠격 상　향

옛 법도를 따라 제수를 마련하여 올리오니 국사성황님께서는 이를 헤아려 흠향하십시오.

영신제 축문

維 歲次 某年 某月 某日 幼學某(江陵郡守 某) 敢昭告于
유 세차 모년 모월 모일 유학모(강릉군수 모) 감소고우
大關嶺國師城隍之神
대관령국사성황지신

○○년 모월 모일 강릉군수 ○○○는
대관령국사성황신에게 감히 아뢰옵니다.

伏惟 尊靈 位在國師 永世來伝 時維端陽
복유 존령 위재국사 영세래전 시유단양

엎드려 생각하니 두 분 신께서는 국사의 자리에 계십니다. 오랜 세월동안 전해오는 단
오절을 맞이하였나이다.

修擧蕉典 保我人民 攘災禱祥 上下齊誠 前導巫覡
수거초전 보아인민 양재도상 상하재성 전도무격

몸가짐을 바르게 하고 신에게 제를 올리오니 저희 주민을 보호하여 주십시오.
재앙을 멀리하고 상서롭도록 위아래 모두가 정성스레 무당을 앞세우고 신에게 빌고
있습니다.

謹以 淸酌庶羞 明薦歆格 尙 饗

근이 청작서수 명천흠격 상 향

삼가 맑은 술과 제수를 마련하여 올리오니 두 분께서는 흠향하여 주십시오.

6. 江陵端午祭의 禁忌

　　江陵端午祭도 딴 鄕土神祀처럼 많은 禁忌가 행해지고 있다. 大關嶺國師城隍祠 앞에는 下馬碑가 있어 大小人 누구나 下馬하게 되어 있으며 萬一 어기고 騎馬한 채 지나가면 城隍님의 노여움을 사서 罰을 받으니 말 발굽이 떨어지지 않는 일도 있었다고 한다.

　　大關嶺國師城隍祠와 大城隍祠에서는 祭祀 三日前부터 금줄을 치고 外人의 出入을 禁止하며 週初에는 黃土를 뿌려 不淨人의 接近을 禁止시켰다. 國師城隍祠에는 今年에 쳤던 禁줄이 그대로 길가에 있는 樹木에 감겨서 두 곳에 남아 있었다. 祭祀에 關與한 全員이 마음을 바르게 가져야 하고 全洞民이 謹愼을 하며 特히 祭官으로 選定된 사람들은 門前에 禁줄을 쳐서 不淨人의 出入을 삼가게 하고 齋戒沐浴해서 心身의 淸潔을 期해야 한다. 또 祭物을 다루는 사람은 입에 白紙를 문다. 함부로 開口하면 不淨한 言辭를 하게 되니 경건을 表示하기 위하여 그렇게 하는 것이다. 떡쌀을 방아찧을 때도 亦是 白紙를 입에 문다. 巫覡은 祭祀에 主動이 되나 広大는 참여치 못했다. 月経중인 女人, 動物을 殺生한 사람, 殺生한 것을 본 사람, 개·닭고기를 먹은 사람, 喪人은 禁忌되고 있으니 祭儀에 참여치 못한다. 禁忌는 옛날에는 광범위하고 嚴格하게 지켜졌으나 근래에는 점점 稀薄해져서 祭儀의 直接 關係者만이 지키고 있는 形便이다.

강릉단오제 산신제 홀기, 축문(1980년대~1999년)

○ 獻官及諸執事俱就門外位(헌관급제집사구취문외위)

　: 헌관과 제집사는 문밖 제자리에 서시오.

○ 贊引引祝及諸執事入就拜位(찬인인축급제집사입취배위)

　: 찬인은 축관과 제집사를 인도하여 절하는 자리로 나아가시오.

○ 皆再拜(개재배): (축관과 제집사는) 모두 두 번 절을 하시오.

○ 예관세위詣盥洗位: (찬인은 축관과 제집사를) 손 씻는 자리로 안내하시오.

○ 관수盥手: (축관과 제집사는) 손을 씻으시오.

○ 세수帨手: (축관과 제집사는) 손을 닦으시오.

○ 각복위各復位: (축관과 제집사는) 모두 제자리로 돌아가시오.

■ **행참신례**行參神禮: **신에게 참배하는 예**

○ 찬인인헌관급제생입취배위贊引引獻官及諸生入就拜位

　: 찬인은 헌관과 제관을 인도하여 절하는 자리에 서시오.

○ 개재배皆再拜: (헌관과 제관은) 모두 두 번 절을 하시오.

○ 국궁鞠躬: (헌관과 제관은) 몸을 굽히시오.

○ 배拜: 엎드려 절하시오.

○ 흥興: 일어나시오.

○ 배拜: 엎드려 절하시오.

○ 흥興: 일어나시오.

○ 평신平身: (헌관과 제관은) 몸을 바르게 펴시오.

○ 찬인진헌관지좌백근구청행사贊引進獻官之左白謹具請行事

　: 찬인은 헌관의 왼편에 나아가 행사를 봉행할 것을 아뢰시오.

■ 행전폐례行奠幣禮: 폐백을 드리는 예

　○ 찬인인초헌관예관세위贊引引初獻官詣盥洗位

　　: 찬인은 초헌관을 손 씻는 자리로 인도하시오.

　○ 진홀搢笏: (초헌관은) 홀을 띠에 꽂으시오.

　○ 관수盥手: (초헌관은) 손을 씻으시오.

　○ 세수帨手: (초헌관은) 손을 닦으시오.

　○ 집홀執笏: (초헌관은) 홀을 손에 드시오.

　○ 인예산신신위전因詣山神神位前: (찬인은 초헌관을) 산신 신위 앞으로 나아가시오.

　○ 북향립北向立: (초헌관은) 신위를 향해 서시오.

　○ 진찬陳饌: (초헌관은) 제수가 잘못된 것이나 빠진 것이 있는지 확인하시오.

　○ 궤跪: (초헌관은) 꿇어앉으시오.

　○ 진홀搢笏: (초헌관은) 홀을 띠에 꽂으시오.

　○ 봉향봉로승奉香奉爐陞: 향과 향로를 담당한 집사는 향을 피우는 곳으로 나아가시오.

　○ 삼상향三上香: (초헌관은) 향을 세 번 올리시오.

　○ 헌폐獻幣: (집사는) 폐백을 헌관에게 전하시오.

　○ 집폐執幣: (초헌관은) 폐백을 받으시오.

　○ 전폐奠幣: (집사는) 헌관의 폐백을 받아 신위 앞에 올리시오.

　○ 집홀執笏: (초헌관은) 홀을 손에 잡으시오.

　○ 부복俯伏: (초헌관은) 허리를 굽혀 엎드리시오.

　○ 흥興: (초헌관은) 일어나시오.

　○ 평신平身: (초헌관은) 몸을 바르게 펴시오.

　○ 인강복위引降復位: (초헌관은) 물러나 제자리로 돌아가시오.

■ 행초헌례行初獻禮: 초헌관이 드리는 예

　○ 찬인인초헌관인예산신신위전贊引引初獻官因詣山神神位前

　　: 찬인은 초헌관을 인도하여 산신 신위 앞으로 나아가시오.

○ 궤跪: (초헌관은) 꿇어앉으시오.

○ 진홀搢笏: (초헌관은) 홀을 띠에 꽂으시오.

○ 사준거멱작주司樽擧羃酌酒: 사준은 술병을 열고 술을 잔에 따르시오.

○ 봉작전작승奉爵奠爵陞: 봉작과 전작을 맡은 집사는 술을 올리는 곳에 나아가시오.

○ 헌작獻爵: (집사는) 술잔을 초헌관에게 드리시오.

○ 집작執爵: (초헌관은) 술잔을 받으시오.

○ 전작奠爵: (집사는) 초헌관의 술잔을 받아 신위 앞에 올리시오.

○ 계개啓蓋: 제기의 뚜껑을 열어 놓으시오.

○ 정저正箸: 젓가락을 신위 앞에 바로 놓으시오.

○ 재위자개부복在位者皆俯伏: 자리에 있는 사람들은 모두 허리를 굽혀 엎드리시오.

○ 축진초헌관지좌동향궤독축祝進初獻官之左東向跪讀祝

　: 축관은 초헌관의 왼쪽에 나아가 동쪽을 향하여 꿇어앉아 축문을 읽으시오.

○ 집홀執笏: (초헌관은) 홀을 손에 잡으시오.

○ 부복俯伏: (초헌관은) 허리를 굽혀 엎드리시오.

○ 헌관 급재위자개흥獻官及在位者皆興

　: 헌관과 자리에 있는 사람들은 모두 일어나시오.

○ 평신平身: (제례에 참여한 모든 사람은) 몸을 바르게 펴시오.

○ 인강복위引降復位: (초헌관은) 물러나 제자리로 돌아가시오.

○ 철작撤爵: (집사는) 술잔을 물리시오.

■ 行亞獻禮(행아헌례): 아헌관이 드리는 예

○ 찬인인아헌관예관세위贊引引亞獻官詣盥洗位

　: 찬인은 아헌관을 손 씻는 곳으로 인도하시오.

○ 진홀搢笏: (아헌관은) 홀을 띠에 꽂으시오.

○ 관수盥手: (아헌관은) 손을 씻으시오.

○ 세수帨手: (아헌관은) 손을 닦으시오.

○ 집홀執笏: (아헌관은) 홀을 손에 잡으시오.

○ 인예산신신위전因詣山神神位前

　: (찬인은 아헌관을) 산신 신위 앞으로 나아가시오.

○ 궤跪: (아헌관은) 꿇어앉으시오.

○ 진홀搢笏: (아헌관은) 홀을 띠에 꽂으시오.

○ 사준거멱작주司樽擧冪酌酒: 사준은 술병을 열고 술을 잔에 따르시오.

○ 봉작전작승奉爵奠爵陞: 봉작과 전작을 맡은 집사는 술을 올리는 곳에 나아가시오.

○ 헌작獻爵: (집사는) 술잔을 아헌관에게 드리시오.

○ 집작執爵: (집사는) 아헌관의 술잔을 받으시오

○ 전작奠爵: (집사는) 아헌관의 술잔을 받아 신위 앞에 올리시오.

○ 집홀執笏: (아헌관은) 홀을 손에 잡으시오.

○ 부복俯伏: (아헌관은) 허리를 굽혀 엎드리시오.

○ 흥興: (아헌관은) 일어나시오.

○ 평신平身: 몸을 바르게 펴시오.

○ 인강복위引降復位: (아헌관은) 물러나 제자리로 돌아가시오.

○ 철작撤爵: (집사는) 술잔을 물리시오.

■ 행종헌례行終獻禮: 종헌관이 드리는 예

　○ 찬인인종헌관예관세위贊引引終獻官詣盥洗位

　　: 찬인은 종헌관을 손 씻는 곳으로 인도하시오.

　○ 진홀搢笏: (종헌관은) 홀을 띠에 꽂으시오.

　○ 관수盥手: (종헌관은) 손을 씻으시오.

　○ 세수帨手: (종헌관은) 손을 닦으시오.

　○ 집홀執笏: (종헌관은) 홀을 손에 잡으시오.

　○ 인예산신신위전因詣山神神位前: (종헌관은) 산신 신위 앞으로 나아가시오.

　○ 궤跪: (종헌관은) 꿇어앉으시오.

○ 진홀搢笏: (종헌관은) 홀을 띠에 꽂으시오.

○ 사준거멱작주司樽擧羃酌酒: 사준은 술병을 열고 술을 잔에 따르시오.

○ 봉작전작승奉爵奠爵陞

: 봉작과 전작을 맡은 집사는 술을 올리는 곳에 나아가시오.

○ 헌작獻爵: (집사는) 술잔을 종헌관에게 드리시오.

○ 집작執爵: (종헌관은) 술잔을 받으시오.

○ 전작奠爵: (집사는) 종헌관의 술잔을 받아 신위 앞에 올리시오.

○ 삽시揷匙: (집사는) 숟가락을 뫼에 꽂으시오.

○ 집홀執笏: (종헌관은) 홀을 손에 잡으시오.

○ 부복俯伏: (종헌관은) 허리를 굽혀 엎드리시오.

○ 흥興: (종헌관은) 일어나시오.

○ 평신平身: (종헌관은) 몸을 바르게 펴시오.

○ 인강복위引降復位: (종헌관은) 물러나 제자리로 돌아가시오.

○ 헌관개재배獻官皆再拜: (헌관은) 모두 두 번 절을 하시오.

○ 국궁鞠躬: (모든 헌관은) 꿇어앉으시오.

○ 배拜: 엎드려 절하시오.

○ 흥興: 일어나시오.

○ 배拜: 엎드려 절하시오.

○ 흥興: 일어나시오.

○ 평신平身: 몸을 바르게 펴시오.

■ **행망료례**行望燎禮: **폐백과 축문을 소각하는 예**

○ 찬인인초헌관예망료위贊引引初獻官詣望燎位

: 찬인은 초헌관을 폐백과 축문을 소각하는 자리로 인도하시오.

○ 축이비취축급폐강자서개출祝以篚取祝及幣降自西階出

: 대축은 광주리에 축문과 폐백을 담아 서쪽 계단으로 나아가시오.

○ 치어감置於坎: 소각할 수 있도록 파놓은 구덩이에 갖다 놓으시오.

○ 가료可燎: 축문과 폐백을 소각하시오.

○ 인강복위引降復位: (초헌관과 대축은) 제자리로 돌아가시오.

■ **행사신례**行辭神禮: **신을 보내는 예**

○ 하시저下匙箸: (집사는) 숟가락과 젓가락을 물리시오.

○ 합개合蓋: (집사는) 제기의 뚜껑을 덮으시오.

○ 축철찬祝撤饌: 축관은 제수를 물리시오.

○ 찬인진헌관지좌백예필贊引進獻官之左白禮畢

: 찬인은 헌관 왼쪽에 나아가 예가 끝난 것을 알리시오.

○ 헌관급제생개재배獻官及諸生皆再拜: 헌관과 제관은 모두 두 번 절하시오.

○ 국궁鞠躬: 몸을 굽히시오.

○ 배拜: 엎드려 절하시오.

○ 흥興: 일어나시오.

○ 배拜: 엎드려 절하시오.

○ 흥興: 일어나시오.

○ 평신平身: 몸을 바르게 펴시오.

○ 헌관급제생이차출獻官及諸生以次出: 헌관과 제관은 차례로 나오시오.

○ 예축급제집사개재배禮祝及諸執事皆再拜: 축관과 제집사는 두 번 절을 하시오.

○ 합문이퇴闔門而退: 문을 닫고 물러 나오시오.

산신제 축문

維歲次 某年干支 四月某干支朔 十五日某干支 某官某 敢昭告于
유세차 모년간지 사월모간지삭 십오일모간지 모관모 감소고우

大關嶺山神之神
대관령산신지신

○○년 ○○간지 4월 ○○간지 십오일 ○○간지 ○○○○(직책)
○○○(아무개) 대관령산신에게 엎드려 아룁니다.

伏惟 尊靈 重鎭大東 保佑我人 罔非神功
복유 존령 중진대동 보우아인 망비신공

엎드려 생각하니 산신님께서는 영동지방에 있어 중요한 자리에 계시면서 저희들을
보살피고 있습니다.

出雲興雨 除惡去災 我民報祀 永世無怠
출운흥우 제악거재 아민보사 영세무태

구름을 일게 하여 비를 내리게 하고, 악을 제거하고 재앙을 물리치시는 것도
신의 공이 아닌 것이 없습니다.
저희들은 영세토록 게으름 없이 신에게 제사를 올려 보답하고자

謹以 淸酌脯醢 祇薦于神　　尙　　饗

근이 청작포혜　지천우신　　상　　향

삼가 맑은 술과 제수를 공손히 올리오니 흠향하십시오.

성황제 홀기

○ 헌관급제집사구취문외위獻官及諸執事俱就門外位

　　: 헌관과 제집사는 문밖 제자리에 서시오.

○ 찬인인축급제집사입취배위贊引引祝及諸執事入就拜位

　　: 찬인은 헌관과 제관을 인도하여 절하는 자리에 서시오.

○ 개사배皆四拜: (축관과 집사는) 모두 네 번 절을 하시오.

○ 예관세위詣盥洗位: (찬인은 축관과 제집사를) 손 씻는 곳으로 안내하시오.

○ 관수盥手: (축관과 제집사는) 손을 씻으시오.

○ 세수帨手: (축관과 제집사는) 손을 닦으시오.

○ 각취위各就位: (축관과 제집사는) 제자리에 돌아가시오.

■ **행참신례**行參神禮: 신에게 참배하는 예

○ 찬인인헌관급제생입취배위贊引引獻官及諸生入就拜位

　　: 찬인은 헌관과 제관을 인도하여 절하는 자리에 서시오.

○ 개사배皆四拜: (헌관과 제관은) 모두 네 번 절을 하시오.

○ 국궁鞠躬: (헌관과 제관은) 몸을 굽히시오.

○ 배拜: 엎드려 절하시오.

○ 흥興: 일어나시오.

○ 배拜: 엎드려 절하시오.

○ 흥興: 일어나시오.

○ 배拜: 엎드려 절하시오.

○ 흥興: 일어나시오.

○ 배拜: 엎드려 절하시오.

○ 흥興: 일어나시오.

○ 평신平身: (헌관과 제관은) 몸을 바르게 펴시오.

○ 찬인진헌관지좌백근구청행사贊引進獻官之左白謹具請行事

　: 찬인은 헌관의 왼편에 나아가 행사를 봉행할 것을 아뢰시오.

■ **행전폐례**行奠幣禮: **폐백을 드리는 예**

○ 찬인인초헌관예관세위贊引引初獻官詣盥洗位

　: 찬인은 초헌관을 손 씻는 자리로 인도하시오.

○ 진홀搢笏: (초헌관은) 홀을 띠에 꽂으시오.

○ 관수盥手: (초헌관은) 손을 씻으시오.

○ 세수帨手: (초헌관은) 손을 닦으시오.

○ 집홀執笏: (초헌관은) 홀을 손에 드시오.

○ 인예국사성황신위전因詣國師城隍神位前

　: (찬인은 초헌관을) 국사성황 신위 앞으로 인도하시오.

○ 북향립北向立: (초헌관은) 신위를 향해 서시오.

○ 진찬陳饌: (초헌관은) 제수가 잘못된 것이나 빠진 것이 있는지 확인하시오.

○ 궤跪: (초헌관은) 꿇어앉으시오.

○ 진홀搢笏: (초헌관은) 홀을 띠에 꽂으시오.

○ 봉향봉로승奉香奉爐陞: 향과 향로를 담당한 집사는 향을 피우는 곳으로 나아가시오.

○ 삼상향三上香: (초헌관은) 향을 세 번 올리시오.

○ 헌폐獻幣: (집사는) 폐백을 헌관에게 전하시오.

○ 집폐執幣: (초헌관은) 폐백을 받으시오.

○ 전폐奠幣: (집사는) 헌관의 폐백을 받아 신위 앞에 올리시오.

○ 집홀執笏: (초헌관은) 홀을 손에 잡으시오.

○ 부복俯伏: (초헌관은) 허리를 굽혀 엎드리시오.

○ 흥興: (초헌관은) 일어나시오.

○ 평신平身: (초헌관은) 몸을 바르게 펴시오.

○ 인강복위引降復位: (초헌관은) 물러나 제자리로 돌아가시오.

■ **행초헌례**行初獻禮: **초헌관이 드리는 예**

○ 찬인인초헌관인예국사성황신위전贊引引初獻官因詣國師城隍神位前

  : 찬인은 초헌관을 국사성황 신위 앞으로 인도하시오.

○ 북향립北向立: (초헌관은) 신위를 향해서 서시오.

○ 궤跪: (초헌관은) 꿇어앉으시오.

○ 진홀搢笏: (초헌관은) 홀을 띠에 꽂으시오.

○ 사준거멱작주司樽擧羃酌酒: 사준은 술병을 열고 술을 잔에 따르시오.

○ 봉작전작승奉爵奠爵陞: 봉작과 전작을 맡은 집사는 술을 올리는 곳에 나아가시오.

○ 헌작獻爵: (집사는) 술잔을 초헌관에게 드리시오.

○ 집작執爵: (초헌관은) 술잔을 받으시오.

○ 전작奠爵: (집사는) 초헌관의 술잔을 받아 신위 앞에 올리시오.

○ 정저正箸: 젓가락을 신위 앞에 바로 놓으시오.

○ 계개啓蓋: 제기의 뚜껑을 열어 놓으시오.

○ 부복俯伏: (초헌관은) 허리를 굽혀 엎드리시오.

○ 흥興: (초헌관은) 일어나시오.

○ 소퇴少退: (초헌관은) 뒤로 조금 물러나시오.

○ 궤跪: (초헌관은) 꿇어앉으시오.

○ 재위자개부복在位者皆俯伏: 자리에 있는 사람들은 모두 허리를 굽혀 엎드리시오.

○ 축이진초헌관지좌동향궤독축祝以進初獻官之左東向跪讀祝

  : 축관은 초헌관의 왼쪽에 나아가 동쪽을 향하여 꿇어앉아 축문을 읽으시오.

○ 집홀執笏: (초헌관은) 홀을 손에 잡으시오.

○ 부복俯伏: (초헌관은) 허리를 굽혀 엎드리시오.

○ 헌관급재위자개흥獻官及在位者皆興: 헌관과 자리에 있는 사람들은 모두 일어나시오.

○ 평신平身: (제례에 참여한 모든 사람은) 몸을 바르게 펴시오.

○ 인강복위引降復位: (초헌관은) 물러나 제자리로 돌아가시오.

○ 철작撤爵: (집사는) 술잔을 물리시오.

■ **행아헌례**行亞獻禮: **아헌관이 드리는 예**

○ 찬인인아헌관예관세위贊引引亞獻官詣盥洗位

　 : 찬인은 아헌관을 손 씻는 곳으로 인도하시오.

○ 진홀搢笏: (아헌관은) 홀을 띠에 꽂으시오.

○ 관수盥手: (아헌관은) 손을 씻으시오.

○ 세수帨手: (아헌관은) 손을 닦으시오.

○ 집홀執笏: (아헌관은) 홀을 손에 잡으시오.

○ 인예국사성황신위전因詣國師城隍神位前

　 : (찬인은 아헌관을) 국사성황 신위 앞으로 인도하시오.

○ 북향립北向立: (아헌관은) 신위를 향해서 서시오.

○ 궤跪: (아헌관은) 꿇어앉으시오.

○ 진홀搢笏: (아헌관은) 홀을 띠에 꽂으시오.

○ 사준거멱작주司樽擧冪酌酒: 사준은 술병을 열고 술을 잔에 따르시오.

○ 봉작전작승奉爵奠爵陞

　 : 봉작과 전작을 맡은 집사는 술을 올리는 곳에 나아가시오.

○ 헌작獻爵: (집사는) 술잔을 아헌관에게 드리시오.

○ 집작執爵: (집사는) 아헌관의 술잔을 받으시오

○ 전작奠爵: (집사는) 아헌관의 술잔을 받아 신위 앞에 올리시오.

○ 집홀執笏: (아헌관은) 홀을 손에 잡으시오.

○ 부복俯伏: (아헌관은) 허리를 굽혀 엎드리시오.

○ 흥興: (아헌관은) 일어나시오.

○ 평신平身: 몸을 바르게 펴시오.

○ 인강복위引降復位: (아헌관은) 물러나 제자리로 돌아가시오.

○ 철작撤爵: (집사는) 술잔을 물리시오.

■ **행종헌례**行終獻禮: 종헌관이 드리는 예

○ 찬인인종헌관예관세위贊引引終獻官詣盥洗位

  : 찬인은 종헌관을 손 씻는 곳으로 인도하시오.

○ 진홀搢笏: (종헌관은) 홀을 띠에 꽂으시오.

○ 관수盥手: (종헌관은) 손을 씻으시오.

○ 세수帨手: (종헌관은) 손을 닦으시오.

○ 집홀執笏: (종헌관은) 홀을 손에 잡으시오.

○ 인예국사성황신위전因詣國師城隍神位前

  : (찬인은 종헌관을) 국사성황 신위 앞으로 인도하시오.

○ 북향립北向立: (종헌관은) 신위를 향해서 서시오.

○ 궤跪: (종헌관은) 꿇어앉으시오.

○ 진홀搢笏: (종헌관은) 홀을 띠에 꽂으시오.

○ 사준거멱작주司樽擧冪酌酒: 사준은 술병을 열고 술을 잔에 따르시오.

○ 봉작전작승奉爵奠爵陞

  : 봉작과 전작을 맡은 집사는 술을 올리는 곳에 나아가시오.

○ 헌작獻爵: (집사는) 술잔을 종헌관에게 드리시오.

○ 집작執爵: (종헌관은) 술잔을 받으시오.

○ 전작奠爵: (집사는) 종헌관의 술잔을 받아 신위 앞에 올리시오.

○ 삽시揷匙: (집사는) 숟가락을 메에 꽂으시오.

○ 집홀執笏: (종헌관은) 홀을 손에 잡으시오.

○ 부복俯伏: (종헌관은) 허리를 굽혀 엎드리시오.

○ 흥興: (종헌관은) 일어나시오.

○ 평신平身: (종헌관은) 몸을 바르게 펴시오.

○ 인강복위引降復位: (종헌관은) 물러나 제자리로 돌아가시오.

○ 헌관사배獻官四拜: (모든) 헌관은 네 번 절을 하시오.

○ 국궁鞠躬: (모든 헌관은) 꿇어앉으시오.

○ 배拜: 엎드려 절하시오.

○ 흥興: 일어나시오.

○ 배拜: 엎드려 절하시오.

○ 흥興: 일어나시오.

○ 배拜: 엎드려 절하시오.

○ 흥興: 일어나시오.

○ 배拜: 엎드려 절하시오.

○ 흥興: 일어나시오.

○ 평신平身: 몸을 바르게 펴시오.

■ 행음복례行飲福禮: 음복하는 예

○ 찬인인초헌관예음복위贊引引初獻官詣飲福位

: 찬인은 초헌관을 음복하는 자리로 인도하시오.

○ 서향궤西向跪: (초헌관은) 서쪽을 향하여 꿇어앉으시오.

○ 진홀搢笏: (초헌관은) 홀을 띠에 꽂으시오.

○ 집사자작복주執事者酌福酒: 집사는 술잔에 술을 따르시오.

○ 대축진감신위전조육大祝進減神位前胙肉

: 대축은 신위 앞에 나아가 제사 지낸 고기를 덜어오시오.

○ 진헌관지좌북향궤進獻官之左北向跪

: 대축은 헌관의 왼쪽에 나아가 북쪽을 향해서 꿇어앉으시오.

○ 이작수헌관以爵授獻官: (대축은) 술잔을 헌관에게 드리시오.

○ 헌관수작獻官受爵: (초헌관은) 술잔을 받으시오.

○ 음쵀작飲啐爵: (초헌관은) 술을 맛보시오

○ 대축수작大祝受爵: 대축은 술잔을 받으시오.

○ 이조수헌관以胙授獻官: 대축은 제사지낸 고기를 헌관에게 드리시오.

○ 헌관수조獻官受胙: 헌관은 제사지낸 고기를 받으시오.

○ 환수대축還授大祝: (초헌관은) 대축에게 고기를 돌려주시오.

○ 대축수조大祝受胙: 대축이 고기를 받으시오.

○ 복어준소復於樽所: (대축은) 술잔과 고기를 술을 따랐던 곳에 갖다 놓으시오.

○ 집홀執笏: (초헌관은) 홀을 손에 드시오.

○ 부복俯伏: (초헌관은) 허리를 굽혀 엎드리시오.

○ 흥興: (초헌관은) 일어나시오.

○ 평신平身: (초헌관은) 몸을 바르게 펴시오.

○ 인강복위引降復位: (초헌관은) 물러나 제자리로 돌아가시오.

■ 행망료례行望燎禮: 폐백과 축문을 소각하는 예

○ 찬인인초헌관예망료위贊引引初獻官詣望燎位

: 찬인은 초헌관을 폐백과 축문을 소각하는 자리로 인도하시오.

○ 축이비취축급폐강자서개출祝以篚取祝及幣降自西階出

: 대축은 광주리에 축문과 폐백을 담아 서쪽 계단으로 나아가시오.

○ 치어감置於坎: 소각할 수 있도록 파놓은 구덩이에 갖다 놓으시오.

○ 가료可燎: 축문과 폐백을 소각하시오.

○ 인강복위引降復位: (초헌관과 대축은) 제자리로 돌아오시오.

■ 행사신례行辭神禮: 신을 보내는 예

○ 하시저下匙箸: (집사는) 숟가락과 젓가락을 물리시오.

○ 합개合蓋: (집사는) 제기의 뚜껑을 덮으시오.

○ 찬인진헌관지좌백예필贊引進獻官之左白禮畢

: 찬인은 헌관 왼쪽에 나아가 예가 끝난 것을 알리시오.

○ 헌관급제생개사배獻官及諸生皆四拜

   : 헌관과 제관은 모두 네 번 절하시오.

○ 국궁鞠躬: 몸을 굽히시오.

○ 배拜: 엎드려 절하시오.

○ 흥興: 일어나시오.

○ 배拜: 엎드려 절하시오.

○ 흥興: 일어나시오.

○ 배拜: 엎드려 절하시오.

○ 흥興: 일어나시오.

○ 평신平身: 몸을 바르게 펴시오.

○ 헌관급제생이차출獻官及諸生以次出

   : 헌관과 제관은 모두 차례로 나오시오.

○ 축급제집사개사배祝及諸執事皆四拜

   : 축관과 제집사는 모두 네 번 절을 하시오.

○ 철찬합문이출撤饌闔門而出

   : 제수를 물리고 문을 닫고 물러가시오.

성황제 축문

維 歲次 某年干支 四月某干支朔 十五日某干支 某官某 敢昭告于
유 세차 모년간지 사월모간지삭 십오일모간지 모관모 감소고우
大關嶺國師城隍之神
대관령국사성황지신

○○년 ○○간지 4월 ○○간지 십오일 ○○간지 ○○○○(직책)
○○○(아무개)는 대관령국가성황신에게 감히 아뢰옵니다.

伏惟 尊靈 位我重鎭 自麗至今 無替精禋
복유 존령 위아중진 자려지금 무체정인

엎드려 생각하니 국사성황님께서는 저희들에 있어 중요한 자리에 계십니다. 고려 때부터 오늘에 이르기까지 정성을 다하여 올리는 제사를 거른 적이 없습니다.

凡我有求 禱輒見應 際此孟夏 田事方興
범아유구 도첩현응 제차맹하 전사방흥

무릇 저희들은 국사성황께 빌 때마다 감응하여 구원받았습니다. 이제 음력 4월이라 농사일이 바야흐로 흥성할 때입니다.

禦災防患 觸類降監 若時昭事 敢有不欽

어재방환 촉류강감 약시소사 감유불흠

재앙을 막아 근심걱정을 덜어 주십시오. 신께서는 하늘에 계시면서 손끝으로 만지듯이 인간 세계를 내려다보고 있는 것과 같이 모든 일에 소상하시니 감히 공경하지 않을 수 있겠습니까

玆遵舊儀 載陳牲璧 神其度斯　庶幾歆格 尙　饗

자준구의 재진생벽 신기탁사　서기흠격 상　향

옛 법도를 따라 제수를 마련하여 올리오니 국사성황님께서는 이를 헤아려 흠향하십시오.

봉안제 축문

維 歲次 某年干支 四月某干支朔 十五日某干支 某官某 敢昭告于

유 세차 모년간지 사월모간지삭 십오일모간지 모관모 감소고우

大關嶺國師城隍之神

대관령국사성황지신

大關嶺國師女城隍之神

대관령국사여성황지신

○○년 ○○간지 5월 ○○간지 3일 ○○간지 ○○○(직책) ○○○는

대관령국사성황신, 대관령국사여성황신에게 감히 아뢰옵니다.

伏惟 尊靈 位我重鎭 尊靈所宅 左海名區

복유 존령 위아중진 존영소택 좌해명구

엎드려 생각하니 두 신께서는 저희들에 있어 중요한 자리에 계십니다. 신께서 자리 잡고 계신 이곳 이름난 강릉입니다.

人民有居 爰通道路 靈焉主斯 百神之宗 民依厥德

인민유거 원통도로 영언주사 백신지종 민의궐덕

시민이 사는 곳에 길을 내어 주셨습니다(원활히 통하게 하여 주셨습니다).

신령께서는 이곳의 주인이며 여러 신의 으뜸으로 우리들은 그 은덕에 의지하고

國賴其功　一喜一怒　爲禍爲福　安危禍福　莫非實賜
국뢰기공　일희일노　위화위복　안위화복　막비실사

국가도 그 공에 힘입고 있습니다. 기뻐하고 성냄이 화가 되고 복이 되며 편하고 위태로움과 화와 복도 실로 신께서 내려주지 않음이 없습니다.

人依於神　神感於人　際玆孟夏　田事方興　日吉辰良　牲潔酒香
인의어신　신감어인　제자맹하　전사방흥　일길진량　생결주향

인간은 신에게 의지하고 신은 인간에게 감명을 받습니다. 음력 4월이라 농사일이 바야흐로 흥성할 때 좋은 날을 가려 술과 제수를 마련하였습니다.

物雖菲薄　誠則愈篤　伏願降格　庶鑑微誠　尙　饗
물수비박　성즉유독　복원강격　서감미성　상　향

제물은 비록 변변치 못하오나 정성만은 더욱 돈독하옵니다.
엎드려 바라옵건대 보잘것없는 성의이오나 흠향하여 주십시오.

영신제 축문

維 歲次 某年干支 五月某干支 朔 初三日某干支 某官某 敢昭告于

유 세차 모년간지 오월모간지 삭 초삼일모간지 모관모 감소고우

大關嶺國師城隍之神

대관령국사성황지신

大關嶺國師女城隍之神

대관령국사여성황지신

○○년 ○○간지 5월 ○○간지 3일 ○○간지 ○○○(직책) ○○○는

대관령국사성황신, 대관령국사여성황신에게 감히 아뢰옵니다.

伏惟 尊神 位在國師 永世來傳 時維端陽

복유 존신 위재국사 영세래전 시유단양

엎드려 생각하니 두 분 신께서는 국사의 자리에 계십니다. 오랜 세월동안 전해오는 단오절을 맞이하였나이다.

修擧蕉典 保我人民 攘災禱祥 上下齊誠 前導巫覡

수거초전 보아인민 양재도상 상하재성 전도무격

몸가짐을 바르게 하고 신에게 제를 올리오니 저희 주민을 보호하여 주십시오.

재앙을 멀리하고 상서롭도록 위아래 모두가 정성스레 무당을 앞세우고 신에게 빌고 있습니다.

謹以 淸酌庶羞 明薦歆格 尙 饗

근이 청작서수 명천흠격 상 향

삼가 맑은 술과 제수를 마련하여 올리오니 두 분께서는 흠향하여 주십시오.

조전제 축문

維 歲次 某年干支 五月某干支 朔某日某干支 某官某 敢昭告于

유 세차 모년간지 오월모간지 삭모일모간지 모관모 감소고우

大關嶺國師城隍之神

대관령국사성황지신

大關嶺國師女城隍之神

대관령국사여성황지신

○○년 ○○간지 5월 ○○간지○일 ○○간지 ○○○(직책) ○○○는

대관령국사성황신, 대관령국사여성황신에게 감히 아뢰옵니다.

伏惟 尊靈 位我重鎭 位在國師 永世來傳 時維端陽

복유 존령 위아중진 위재국사 영세래전 시유단양

엎드려 생각하니 두 분 신께서는 저희들의 중요한 위치에 있으며 국사의 자리에 계십
니다. 오랜 세월동안 전해오는 단오절을 맞이하였나이다.

修擧蕉典 保我人民 禦災防患 轉禍爲福 莫非神功

수거초전 보아인민 어재방환 전화위복 막비신공

몸가짐을 바르게 하고 신에게 제를 올리오니 저희 주민을 보호하여 주시고 재앙을

막아 근심을 덜어 주심도 화를 돌려 복이 되게 하여 주시는 것도 신의 공이 아닌 것이
없습니다.

人依於神 神感於人 市政民生 欲賴所願 水火旱災

인의어신 신감어인 시정민생 욕뢰소원 수화한재

인간은 신에게 의지하고 신은 인간에게 감명을 받습니다. 원활한 시정과 민생 안정을
위해 신에게 바라고자 하는 것은 물·불·가뭄의 재앙과

傳染疾病 拒之驅之 永逝遠方 雨順風調 三農豊登

전염질병 거지구지 영서원방 우순풍조 삼농풍등

전염병을 막고 몰아내어 영원히 먼 곳으로 가도록 하여 주십시오. 순조로운 비와
바람으로 온갖 농사가 풍년이 들게 하여 주시고

外客雲集 市沽圓活 擇玆吉日 牲醴齊誠 物雖菲薄

외객운집 시고원활 택자길일 생례재성 물수비박

외지 손님들이 구름같이 몰려와 시장 골목골목 활력이 넘치도록 하여 주십시오. 이
에 좋을 날을 가려 정성껏 제수를 마련하였습니다. 비록 변변치 못하오나

誠則愈篤 伏願尊靈 庶鑑微誠 尙　饗

성즉유독 복원존령 서감미성 상 향

정성만은 더욱 돈독하옵니다. 엎드려 바라옵건대 보잘것없는 성의이오나 흠향하여
주십시오.

송신제 축문

維 歲次 某年干支 五月某干支 朔某日某干支 某官某 敢昭告于

유 세차 모년간지 오월모간지 삭모일모간지   모관모 감소고우

大關嶺國師城隍之神

대관령국사성황지신

大關嶺國師女城隍之神

대관령국사여성황지신

○○년 ○○간지 5월 ○○간지 8일 ○○간지 ○○○○(직책) ○○○는

대관령국사성황신, 대관령국사여성황신에게 감히 아뢰옵니다.

伏惟 尊靈 位我重鎭 位在國師 永世來傳 時維端陽 修擧醮典 保我人民

복유 존령 위아중진 위재국사 영세래전 시유단양 수거초전 보아인민

엎드려 생각하니 두 분 신께서는 저희들의 중요한 위치에 있으며 국사의 자리에 계십니다. 오랜 세월대대로 전해오는 단오절을 맞아 몸가짐을 바르게 하고 신에게 제를 올리오니 저희 주민을 보호하여 주십시오.

禦災防患 轉禍爲福 莫非神功

어재방환 전화위복 막비신공

재앙을 막아 근심을 덜어 주심도 화를 돌려 복이 되게 하여 주시는 것 모두 신의 공이 아닌 것이 없습니다.

人依於神 神感於人 市政民生 欲賴所願 水火旱災
인의어신 신감어인 시정민생 욕뢰소원 수화한재

인간은 신에게 의지하고 신은 인간에게 감명을 받습니다.
원활한 시정과 민생 안정을 위해 신에게 바라고자 하는 것은 물·불·가뭄의 재앙과

傳染疾病 拒之驅之 永逝遠方 雨順風調 三農豊登
전염질병 거지구지 영서원방 우순풍조 삼농풍등

전염병을 막고 몰아내어 영원히 먼 곳으로 가도록 하여 주십시오. 순조로운 비와 바람으로 온갖 농사가 풍년이 들게 하여 주시고

外客雲集 市沽圓活 端陽已畢 還安舊堂 牲醴菲薄 誠則愈篤
외객운집 시고원활 단양이필 환안구당 생례비박 성즉유독

외지 손님들이 구름같이 몰려와 시장 골목골목 활력이 넘치도록 하여 주십시오. 이로써 단오를 모두 마쳤으니 계시던 곳으로 편안히 돌아가십시오. 변변치 못한 제수이오나 정성만은 더욱 돈독하옵니다.

伏願尊靈 庶鑑微誠 尙　饗

복원존령 서감미성　상　향

엎드려 바라옵건대 보잘것없는 성의이오나 두 분 신께서는 흠향하여 주십시오.

참고문헌

- 강릉단오제보존회, 『강릉단오제 제례 전수교본』(2008)

- 강릉시, 『강릉단오제 원형콘텐츠』(2008)

- 김기설, 『강릉단오제의 요소와 변화』(2010)

- 박도식, 「범일국사와 강릉단오제」『임영문화』36, 강릉문화원(2012)

- 임동권, 『강릉단오제 조사 보고서』(1967)

- 임동권, 「강릉단오제」『韓國民俗學論攷』, 집문당(1971)

- 이영춘, 『차례와 제사』(2002)

- 조규돈, 『조선시대 상장·제례의 이해』(2006)